당신의 마음에도,
돌봄이 필요합니다.

세상 누구보다 소중한 _____님께,

『엄마의 정신건강, 아이의 미래를 바꾼다』를 선물합니다.

이 책은 완벽하려 애쓰기보다,

지금 이대로의 나를 받아들이는 연습에서 출발합니다.

감정을 억누르지 않고, 있는 그대로 바라볼 용기,

혼자 애쓰지 않고, 도움을 구할 수 있는 다정한 태도,

그 모든 시작은 당신 자신의 마음을 돌보는 것에서 시작됩니다.

이 책이 ＿＿＿＿＿＿＿＿＿＿님의 하루에

작은 숨결 같은 위로와 용기가 되어주기를 바랍니다.

지금, 이 순간부터 괜찮지 않아도 괜찮습니다.

따뜻한 마음을 담아,

＿＿＿＿＿＿＿＿＿＿드림

엄마의 정신건강,

아이의 미래를

바꾼다

엄마의 정신건강,
아이의 미래를
바꾼다

뇌과학과 심리학으로 들여다본 엄마 마음:
감정의 폭풍에서 회복까지

이정원 지음

엄마가 된다는 것은, 젊은 여성이 맞이하는 가장 큰 '인생 전환'의 여정이라는 것을 출산을 해 본 사람들은 동의할 것입니다. 이 여정을 살아낸 심리학자의 내밀한 기록이며, 동시에 우리 모두의 이야기입니다. 출산과 육아라는 여정에서 엄마들이 마주하는 감정의 소용돌이를 섬세하게 풀어내며, 그 속에서 자기 자신을 돌보고 회복하는 구체적인 방법을 제시합니다.

산후우울이라는 터널을 지나며, 이론과 현실 사이의 간극을 용기 있게 마주합니다. 그 길 위에서 만난 감정의 파도들을 정교하게 언어화하고, 회복의 힘을 스스로 증명해냅니다. 산후우울, 자기비난, 사회적 프레임 같은 복잡한 심리적 주제를 학문적 깊이와 일상의 언어로 풀어낸 점이 특히 인상적입니다. 그 솔직한 고백은 수많은 엄마들에게 '괜찮지 않아도 괜찮다'는 용기의 메시지가 되어줄 것입니다.

특히 이 책은 심리학적 지식에 기대면서도, 그 지식이 실천으로 전환될 때의 치열함을 놓치지 않습니다. 감정 일기, 마음 워크시트, 자기효능감 훈련 등은 실제적인 돌봄의 방법이 되어, 오늘을 버티는 엄마들의 마음을 따뜻하게 어루만집니다.

자기효능감 강화, 감정 조절, 가족 지지와 같은 주제는 이론에 그치지 않고, 일상에서 바로 적용할 수 있는 실천법으로 이어집니다. 이는 엄마뿐 아니라 아이와 가족 전체의 정신건강을 증진시키는 강력한 다리가 됩니다.

저자는 심리학 이론과 실제 경험을 절묘하게 엮어, 독자로 하여금 '나도 할 수 있다'는 용기를 북돋웁니다. 책 속의 워크시트와 실천법은 독자가 자신의 감정을 탐색하고, 더 나은 부모이자 인간으로 성장할 수 있도록 돕는 훌륭한 도구입니다. 이 책은 단순히 읽는 것을 넘어, 독자와 함께 대화하며 변화를 이끄는 동반자입니다.

엄마로서, 여성으로서, 한 인간으로서 '나'를 돌본다는 것의 의미를 찾고자 하는 모든 이에게, 그리고 육아의 무게 속에서 자신을 잃어버린 엄마들과 그들을 지지하고 싶은 모든 이들에게 이 책을 깊이 추천합니다. 이정원 저자의 따뜻하고 단단한 글은, 지금 이 순간, 엄마라는 힘든 삶을 살고있는 당신에게 보내는 응원의 편지입니다. 다시 숨 쉬게 하고, 당신의 마음을 어루만지며, 아이와 함께하는 미래를 더 즐겁고 행복하게 안내할 나침반이 될 것입니다.

박상미 한양대학교 일반대학원 교수(문화심리학)
(주)힐링캠퍼스 더공감 학장
로고테라피 국제인증 치료자(비엔나 빅터프랭클 연구소)

상담실 밖,
엄마의 세계로

엄마 마음의 과학

① 엄마가 된다는 것은 지식만으로 준비할 수 없는 완전히 새로운 경험이다.

② 감정은 이론처럼 깔끔하게 작동하지 않으며, 회복은 현실 속에서 시작된다.

③ '왜 나는 이 모양일까'에서 '이 감정은 어디서 왔을까'로 질문을 바꾸는 것이 회복의 첫걸음이다.

"이론은 지도를 그려주지만,
실제로 걸어가는 것은 우리 몫이에요."

나는 늘 '타인의 마음을 들여다보는 사람'이었다. 학위 논문을 쓰던 날에도, 상담실에서 내담자의 이야기를 들을 때에도, '엄마'라는 단어는 내 삶과 멀리 떨어져 있었다.

그런데 어느 날, 두 줄의 선이 내 인생을 송두리째 바꾸었다. 임신 진단을 받고 마주한 감정은 기쁨과 함께 낯선 불안이었다. '나는 이 사랑스러운 생명을 어떻게 지켜낼까?'라는 물음이 머릿속을 떠나지 않았다.

심리학 책에서 읽은 이론과 상담실에서 들은 수많은 사례는 그 순간 한순간에 빛을 잃었다. 내 안에서 솟구치는 원초적인 감정 앞에, 나는 무력했다. 전문 지식을 두르고 있어도 불안과 두려움은 사라지지 않았다. 그때 깨달았다. **이론과 현실 사이에는, 반드시 '다리'가 필요하다는 것.**

이 책은 바로 그 다리를 함께 놓는 여정의 출발점이다. 심리학 이론은 엄마의 마음을 설명해줄 수 있다. 하지만 그 자체로는 치유가 되지 않는다. 지도는 방향을 알려주지만, 길을 걸어가는 건 결국 우리의 발걸음이다. 산후우울증의 원인과 흐름을 알아도, 눈앞의 무력감과 슬픔 앞에서 지식은 쉽게 힘을 잃는다. 마음은 이론처럼 깔끔하게 작동하지 않는다. 그리고 비슷한 이야기가 반복되는 것은, 그만큼 엄마 마음을 돌보는 일이 어렵고 복잡하기 때문이다.

그래서 나는 연구자이자 상담자, 그리고 한 명의 엄마로서 만난 순간들을 이 책에 담았다. 이론적 근거와 실제 사례, 그리고 내가 직접 시도한 작은 심리학 실험들을 통해, '아는 것'에 그치지 않고 일상을 치유하는 도구를 함께 찾아가고자 한다. 이제 상담실 문을 나서, 엄마의 세계로 함께 걸어가보자. 완벽할 수는 없어도, '충분히 좋은 엄마'로 성장하는 여정 속에서 이 책이 따뜻한 이정표가 되기를 바란다.

지금 나는 여전히 엄마이고, 여전히 하루하루를 버티고 있다. 하지만 분명 달라진 것이 있다. 예전에는 '왜 나는 이 모양일까'라고 물었다면, 지금은 '이 감정은 어디서 왔을까'라고 묻는다.
그 차이는 나에게 커다란 전환점이었다. 엄마가 된다는 것은 새로운 삶을 시작하면서, 동시에 이전의 자유로움과 익숙한 방식을 내려놓는 일이다. 그리고 그 과정은 결코 혼자 해내기 쉽지 않다.

이 책이 당신과 당신의 감정에 이름을 붙여주는 작은 위로가 되기를, 그리고 그 이름이 당신 마음의 회복을 향한 첫걸음이 되기를 바란다.

이정원

목
차

1장

이론과 현실사이

산후우울증의 깊은 바다
에서 헤엄치다.

엄마 마음의 과학

① 출산 후 호르몬 변화와 뇌 회로 재편성은 감정 조절력을 약화시킨다.

② 산후우울은 심리·생리·환경 요인이 복합적으로 작용하는 정상적 반응이다.

③ 감정을 명확히 인식하고 표현하는 것이 뇌의 과활성 반응을 완화한다.

"

머리로 알지만 몸으로 느끼는
산후우울증

"

당신은 '엄마'라는 이름을 처음 들었을 때,
어떤 마음이 들었나요?
그 마음은 시간이 지나며 어떻게 달라졌나요?

대학 시절, 나는 심리학을 공부하며 사람의 마음을 '이해'할 수 있다고 믿었다. DSM-4(졸업 이후 *DSM-5로 개정되어 이제는 DSM-5를 공부한다.) 진단기준을 외우고, 인지행동치료 이론을 익히며, 나는 '심리 전문가'로서의 정체성을 차곡차곡 쌓아갔다.

산후우울증도 그중 하나였다. '출산 전후기에 나타나는 우울 장애', '호르몬 변화로 인한 정서 기복', '주요 우울 장애의 일종' - 모든 문장이 낯설지 않았다.

그런데 정작 아이를 낳은 나에게, 그 지식은 아무 힘도 되지 않았다. 출산 직후, 나는 '엄마'라는 새로운 이름을 얻었지만, 동시에 '이전의 나'가 조금씩 사라지는 걸 느꼈다. 첫날밤, 아이를 안고 흘렸던 눈물은 기쁨의 언어였지만, 다음 날부터 밀려온 젖몸살과 아랫배의 쿡쿡 쑤심, 그리고 극심한 수면 부족은 나를 감당할 수 없게 만들었다. 내게 가장 큰 혼란은 '이런 감정은 내가 통제할 수 있어야 한다'라는 믿음이 무너지는 것이었다.

감정 반응의 3단계 도식

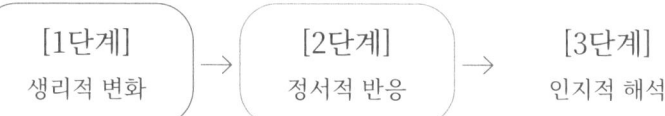

[1단계]
생리적 변화
→
[2단계]
정서적 반응
→
[3단계]
인지적 해석

1단계
정서적 각성_생리적 변화(Physiological Arousal)
자율신경계 활성화(심장 박동 증가, 호흡 가빠짐, 근육 긴장 등)
외부 자극에 대한 즉각적인 신체 반응
예: 놀람 → 심장이 두근거림

2단계
정서 주의 및 자각_정서적 반응(Emotional Experience)
생리적 반응을 바탕으로 느껴지는 감정 상태
예: 두려움, 분노, 슬픔, 기쁨 등
"내가 무섭다고 느낀다", "화가 난다"

3단계
정서 이해와 해석_인지적 해석(Cognitive Appraisal)
왜 이런 감정을 느꼈는지에 대한 생각과 판단
감정의 원인을 해석하고 의미를 부여함
예: "지금 화가 나는 건 그 사람이 나를 무시했기 때문이야"

밤마다 이유 없이 눈물이 났고, 아침이면 그 눈물을 흘린 '어제의 나'를 비난하며 하루를 시작했다. "정말 엄마가 될 준비가 되어 있었던 걸까?"라는 질문이, 나를 놓아주지 않았다.

나는 산후우울을 병으로 인식하기보다, 내 약함에서 비롯된 문제라고 여겼다.

"다들 그렇게 지나가니까."
"내가 유난스러운 건 아닐까."

그렇게, 나는 스스로를 다그치고 도움을 요청할 기회를 놓쳤다.

산후우울증을 바라보는 시선은 시대와 문화에 따라 달라져 왔다. 서구에서는 20세기 중반부터 의학적 진단명으로 자리 잡았지만, 한국 사회에서는 오랫동안 '산후풍'이나 '엄마의 나약함'으로 여겨졌다. 이제서야 비로소 심리적 요인과 생리적 요인을 함께 인정하는 흐름이 자리 잡고 있다. 그러나 문화적 인식의 차이는 여전히 엄마들이 자신의 감정을 드러내는 방식을 결정짓는다. '참아야 한다'는 말은 시대를 건너 오늘까지 전해져, 많은 엄마들을 침묵하게 만든다.

산후우울은 단지 감정의 문제가 아니라 호르몬과 뇌 신경 회로, 환경적 스트레스와 사회적 고립, 자기 개념의 혼란이 복합적으로 작용하는 심리생리학적 현상이다. 출산 후 급격한 호르몬 변화는 대뇌 편도체의 과활성화와 전전두엽의 억제를 유발해 감정조절(감정과 나란히 걷는 법 배우기)을 어렵게 만든다. 여기에 수면 부족, 예측 불가능한 아기 울음, 신체 통증, 외로움이 겹치면 그 누구라도 우울의 터널을 거치게 된다.

대표적인 신체적 증상

• 극심한 피로감과 무기력
• 수면장애(불면, 과다수면, 자주 깨는 수면)
• 식욕 변화(식욕 저하 또는 폭식)
• 두통, 근육통, 소화불량 등 만성 통증
• 심장이 두근거리거나 이유 없는 불안
• 집중력 저하, 기억력 감퇴

이런 증상들은 뇌의 신경전달물질 변화, 자율신경계의 불균형, 만성 스트레스와 직접적으로 연결된다. "내가 왜 이렇게 아플까?", "내가 너무 예민한 걸까?"라고 자책하기 쉽지만, 이 모든 변화는 신체와 뇌가 보내는 자연스러운 신호이다.

의료적 도움

산후우울증은 상담이나 심리적 돌봄만으로 충분하지 않을 때가 많다.

• 전문가 상담
  감정의 변화가 2주 이상 지속되거나 일상생활이 어려울 정도로 무기력하다면, 정신건강의학과나 산부인과 전문의 상담을 꼭 받아보세요.

• 약물치료
  필요시 안전한 항우울제, 항불안제 등 약물치료가 병행될 수 있습니다.
  모유수유 중에도 복용 가능한 약물이 있으니, 전문가와 충분히 상의하세요.

• 지역사회 지원
  보건소, 건강가정지원센터, 육아종합지원센터 등에서 산후우울 선별검사 및 상담, 치료 연계를 지원합니다.

도움을 요청해도 됩니다

"내가 너무 약한가?"라는 생각이 들 때,
이 문장을 꼭 기억하세요.
산후우울증은 누구에게나 올 수 있는 신체적·정신적 질환입니다.
도움을 구하는 것은 약함이 아니라, 회복의 시작입니다.

국내·외 산후우울 유병률 비교

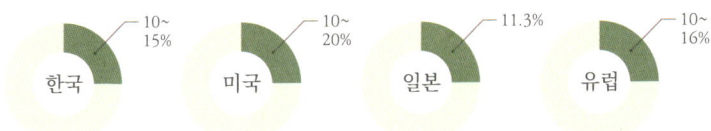

한국	미국	일본	유럽
10~15%	10~20%	11.3%	10~16%

한국: 건강보험심사평가원은 국내 엄마의 약 10~15%가 산후우울증을 겪는 것으로 추정하고 있으며, 일부 국내 연구에서는 산후우울 위험군의 비율이 18~19%로 나타나기도 했으며, 2021년 한 연구에서는 위험군 비율이 42.7%에 달한다는 보고도 있다. 이는 해외 평균(17.2%)보다 2배 이상 높은 수치이다.

미국: 미국 및 세계적으로 산후우울증 유병률은 10~20% 수준으로 널리 보고되고 있다. 이는 미국 내에서 산후우울증이 비교적 흔하게 나타나는 질환임을 시사한다. 또한, 미국의 진단 기준(DSM-5)에 따르면 산후우울증은 출산 후 4주 이내에 발생한 우울증을 의미하며, 실제 임상 현장에서는 출산 후 3~6개월까지도 산후우울증이 발생할 수 있다고 보고 있다.

일본: 일본의 산후 13개월 이내 산후우울증 유병률은 11.3% 내외로 보고되나, 문화적 특성상 실제 유병률은 12~15% 정도로 추정된다. 문화적 요인(낙인, 심리적 저항 등)으로 인해 산후우울증 설문조사 응답률이 낮

아 실제 유병률은 공식 통계보다 더 높을 수 있으며, 전문가들은12~15% 수준으로 추산하고 있다.

유럽(영국·독일·스웨덴 등): EU 보건통계(EU Health Report, 2023) 및 최근 유럽 주요 연구들에 따르면, 유럽연합(EU) 평균 산후우울증 유병률은 대체로 10~16% 수준으로 보고되고 있다. 영국의 대규모 인구 기반 조사에서는 2014년 10.3%, 2018년 16.0%로 증가했으며, 코로나19 팬데믹 시기인 2020년에는 23.9%까지 상승한 것으로 나타났다.
팬데믹 이전의 유럽 평균 산후우울증 유병률은 10~18%로 요약할 수 있으며, 팬데믹 기간 동안은 17~24%까지 상승한 것으로 여러 메타분석 및 국가별 조사에서 확인된다. 최근에는 일부 국가에서 20%를 넘는 수치도 보고되고 있다.

"산후우울증 극복의 길은 하나가 아닙니다. 내게 맞는 방법을 찾고, 작은 실천부터 시작해 보세요. 도움을 요청하는 것도, 새로운 시도를 해보는 것도 모두 회복의 과정입니다."

"
인간의 모든 감정은 인간의 '인식'과 생각에서 비롯된다.
인간이 주어진 상황을 어떻게 느끼는지는
그것을 어떻게 생각하느냐에 달렸다.
"

- 앨버트 엘리스 -

치료 기법	주요 특징	장점	단점
CBT (인지행동치료)	자동사고 인식 → 재구조화 → 행동 변화	구조화된 접근, 단기적 효과가 빠름	감정 직면이 어렵거나, 심각한 외상 후 회복에는 한계가 있을 수 있음
DBT (변증법적 행동치료)	감정 조절 기술 + 수용(Learning to accept)→ 행동 조절	자해·자살 충동에 효과, 불안·우울·정서불안정 장애에 강점	세션이 비교적 길고, 숙제 및 기록 부담이 있음
ACT (수용전념치료)	현재 순간을 수용 (Mindfulness)→ 가치 중심 행동 유도	삶의 의미와 목적 탐색, 지속적인 변화 가능	구조화되지 않은 철학적 언어가 어렵게 느껴질 수 있음

나에게 가장 힘들었던 건, 예측 불가능성이었다. 아이 울음의 원인을 찾지 못하는 날이면, "나는 왜 이토록 무능할까?"라는 자기 비난이 반복됐다. 그리고 어느 순간, 나는 내 존재 자체를 의심하게 되었다. 이때부터 내가 느낀 감정은 단순한 슬픔이 아니었다. '나는 어떤 사람인가?'라는 본질적인 질문이 시작되었다.

내가 선택한 길은 '혼자서 해내는 육아'였다. 산후조리원 대신 택했던 집 육아는 아이의 모든 것을 온전히 기억하게 해준 감동적인 경험이었지만, 서툰 육아로 힘든 시간이기도 했다. 낮에는 멀쩡해 보였지만, 밤이 되면 무너졌다. 새벽 3시, 젖병을 들고 아이를 바라보다가 문득, 나는 나 자신이 낯설게 느껴졌다. 그 순간 느꼈던 감정은 단순한 외로움이 아니라 내 존재의 부정에 가까웠다. '나는 지금 누구지?'

정신분석학자 도날드 위니컷(Donald Winnicott)은 '충분히 좋은 엄마'라는 개념을 통해, 완벽하지 않지만 아이에게 안정감을 줄 수 있는 엄마상을 제시했다. 나는 그 개념을 머리로 알고 있었지만, 내 삶에서 받아들이는 데는 많은 시간이 걸렸다. 그때의 나는, 충분히 좋은 엄마가 아니라 '완벽해야 하는 엄마'였다. 육아 초기, 나는 하루하루의 감정을 조심스레 일기에 적어 내려갔다. 어떤 날은 "오늘도 무사히 지나갔다"는 한 줄로 끝났고, 또 어떤 날은 '폭풍'처럼 쏟아지는 감정의 언어들로 가득했다. 글을 쓰면서 나는 내 감정을 '이해'하려 했고, 동시에 그 감정을 '허락'하고 있었다.

심리학에서는 '자기효능감(Self-efficacy, "나도 할 수 있어"라는 마음의 뿌리)'이 감정 회복과 긴밀하게 연결되어 있다고 설명한다. 자기효능감이란 "나는 해낼 수 있어"라는 내면의 신념이다. 산후우울을 겪는 엄마들에게 이 신념은 자주 무너진다. 내가 매일 울고 있다는 사실 자체가 나를 무능하게 만들기 때문이다. 하지만 그 감정을 이겨내는 힘은 거창한 성공에서 오는 것이 아니었다. 아주 사소한 일, 오늘 아기를 잘 안아서 재웠다는 단순한 성취가 내 감정을 조금씩 회복시켰다.

📑 마음을 살리는 10분 루틴

☃ 예술치료 실천법

매일 10분씩 그림을 그리거나, 음악을 듣고 노래를 따라 부르거나,
감정 일기를 시처럼 써보세요.

📑 엄마 마음 리셋 노트

• 오늘 엄마의 마음 상태:

• 이 감정에 필요한 작은 돌봄:

• 내일을 위한 작은 목표:

• 오늘 엄마의 감정:

• 그 감정의 이유:

• 엄마에게 해주고 싶은 말:

👥 상담실에서 만난 엄마의 목소리

"출산 전에는 내가 이렇게 힘들 줄 몰랐어요. 밤마다 이유 없이 눈물이 나고, 남편이 퇴근하면 괜히 짜증을 냈어요. 몸이 아픈데도 '내가 너무 약한가' 싶어서 누구에게도 말하지 못했죠. 어느 날, 보건소에서 산후우울 선별검사를 받고 처음으로 '나만 그런 게 아니구나'라는 생각이 들었어요."

— 34세, 첫아이 엄마

"수면 부족이 제일 힘들었어요. 하루 종일 머리가 멍하고, 아이가 우는 소리만 들어도 심장이 두근거렸죠. 남편도 힘들다고 하니, 서로 위로할 여유가 없었어요. 결국 상담을 받으면서 조금씩 숨통이 트이기 시작했습니다."

— 37세, 둘째 엄마

💬 심리학자 엄마의 목소리

"처음 엄마가 되던 날, 나는 내가 강하다고 믿었어요. 근데 매일 무너졌죠. 지금도 완벽하진 않지만, 울고 나면 다시 일어날 수 있어요. 그리고 오늘도 나 자신에게 말해요. '괜찮아, 넌 충분히 잘하고 있어.' 이 말을, 당신에게도 전하고 싶어요."

"우리는 완벽해질 필요 없어요. 우리 자신에게 주는 작은 친절이 가장 큰 힘입니다."

☆ 마음 챙김 노트

산후우울은 머리로만 아는 게 아니라, 몸과 마음으로 겪어야 비로소 보이는 일이에요.

📖 오늘, 내 마음에 건네는 질문

오늘 엄마는 우리 감정을 어떻게 기록하고, 다독여줄까요?

🌧️ 심리생리학으로 본 산후우울

출산 후 급감하는 에스트로겐과 프로게스테론은 대뇌 편도체의 과활성화와 전전두엽 기능 저하를 유발한다. 이는 감정조절과 자기통제 능력을 급격히 떨어뜨린다. 여기에 수면 부족 + 통증 + 예측 불가능성이 결합되면, 누구든 감정의 혼란을 겪을 수 있다.

✏️ 용어풀이

편도체 과활성화(Amygdala Hyperactivation): 감정 중 특히 공포 · 불안 감정 처리와 관련된 뇌 부위인 편도체가 과도하게 활성화되며, 그 결과 "사소한 소리에도 극도로 예민"해지는 현상입니다.

전전두엽 기능저하(Prefrontal Cortex Hypofunction): 감정 조절 · 의사결정 · 자기통제와 직결된 전전두엽이 활성도가 낮아지는 것을 말합니다. 우울 · 불안 상태의 엄마에게서 자주 관찰되며, 인지적 왜곡(과도한 자책 등)을 부추깁니다.

세로토닌 저하(Serotonin Deficiency): 행복 호르몬으로 불리는 세로토닌 수준이 급격히 떨어지면 기분 조절이 어려워집니다. 출산 후 호르몬 변화로 세로토닌 분비가 줄어들면서 우울 증상이 촉발될 수 있습니다.

코르티솔 과다분비(Hypercortisolism): 스트레스 호르몬인 코르티솔이 높게 분비되면, 해마(기억 · 정서 조절)와 편도체 활성에 영향을 주어 반복적인 우울 · 불안 상태가 심화됩니다.

"

출산 후 찾아온
감정의 소용돌이

"

당신은 아이를 처음 안았을 때,
어떤 감정을 느끼셨나요?
그 감정은 지금도 여전히 머무르고 있나요?

출산 이후의 첫 7일은 고요하지만 무서운 전쟁 같았다. 병원을 나서는 순간부터, 나는 더 이상 보호받는 존재가 아니었다. 매일이 긴장 상태였고, 아이의 울음은 마치 내 가슴을 찢는 사이렌처럼 들렸다.

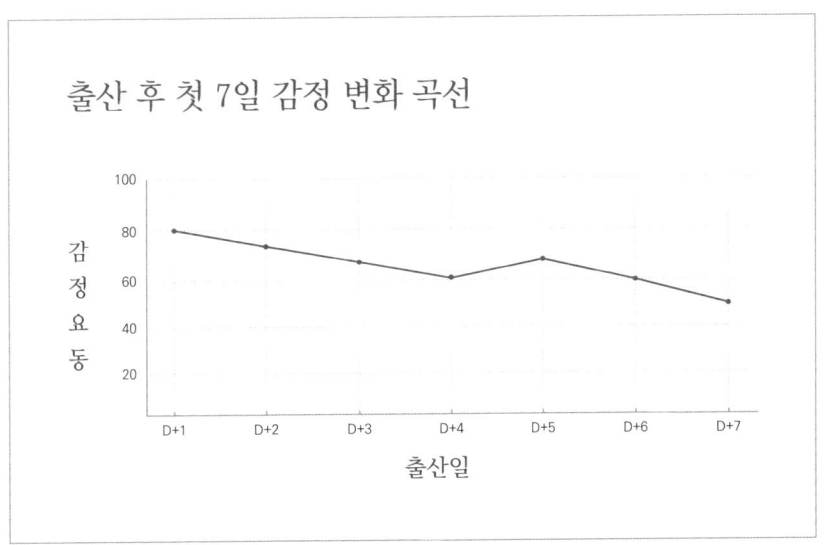

새벽 3시. 수유 알람이 울리지 않아도 나는 이미 깨어 있었다. 아이의 울음이 시작되기도 전에 몸이 먼저 반응했다. 그런데도, 수유를 위해 일어나 앉을 때마다 눈물이 났다. 젖을 물리면서 나는 마음속으로 울었다.

"나는 지금 엄마로만 존재하는가, 아니면 나로서 살아 있는가?"

이 질문이 나를 갈라놓았다. 출산 후 이틀째 새벽 3시, 나는 아이의 첫 수유 알람 소리에 겨우 눈을 떴다. 그런데 가슴이 갑자기 격렬한 통증을 느꼈다. '이게 무슨 일이지?' 하며 몸을 일으켜 아이를 안았지만, 젖이 제대로 나오지 않아 초조함이 밀려왔다. 그 순간, '나는 지금 좋은 엄마가 아니야'라는 생각이 머릿속을 지배했다. 결국 아이에게 젖을 다시 물린 뒤, 차가운 물수건을 가슴에 얹으며 눈물을 삼켰다. 그날 밤의 공허함은 말로 다 할 수 없었고, 혼자 방 안에서 흐느끼며 "난 누구인가"라는 질문이 머릿속을 맴돌았다.

육아는 사랑의 노동이라고 했지만, 그 노동은 때때로 폭력처럼 느껴졌다. 하루에 수십 번 같은 행동을 반복하다 보면, 자신이 어떤 감정을 느끼고 있는지도 모르게 된다. 단지 '해야 하니까 한다'는 동물적인 조건반사만 남았다.

이 시기에 가장 힘들었던 건, 나를 지켜보는 나였다. '왜 이렇게 유난을 떨어?', '다른 엄마들은 다 잘만 하던데.' 내 안의 비판자는 끊임없이 나를 밀어붙였다. 그것은 자책이라는 이름의 감정 학대였다.

산후우울증은 출산 후 4-6주 사이 베이비 블루스, 산후 우울증, 산후 정신병 유형으로 50~70%의 엄마들은 베이비 블루스 현상이 나타난다. 특별한 이유 없이 슬픔과 불안이 지속된다. 이 증상이 2주 내로 개선이 되지 않는다면 산후 우울증으로 이어질 수 있다. 산후우울증은 단순한 감정기복이 아닌 호르몬의 급변, 특히 에스트로겐과 프로게스테론의 급격한 저하가 주요 원인이다. 게다가 사회적 지지의 유무는 감정 조절에 결정적인 영향을 준다.

구분	베이비 블루스	산후우울증
발생 시기	출산 후 2~5일차 (대개 10일 이내 호전)	출산 후 2~4주차 (증상 지속 시 2주 이상)
주요 증상	눈물이 자주 나고, 기분 기복이 심함	지속적 우울감, 무기력, 수면장애, 식욕변화, 죄책감
기간	1~2주 이내 호전	2주 이상 지속될 경우 전문적 개입 필요
원인 요인	호르몬 급변 + 피로 + 환경 변화	호르몬 급감, 사회적 지지 부족, 개인 심리적 요인
대처 방법	충분한 휴식, 돌봄 지원, 가족 지지	전문가 상담(CBT 등), 약물치료, 지역사회 지원, 지속적 모니터링
주의점	보통 자연스럽게 좋아짐	증상 악화 시 자살 충동 가능성 → 조기 개입 권장

예측할 수 없는 일상의 반복 속에서 나는 감정의 여유를 잃어갔다. 아이의 울음은 시도 때도 없었고, 그 이유는 늘 달랐다. 수유, 기저귀, 트림, 안아주기… 모든 걸 시도했지만 소용이 없을 때마다 무력감과 분노, 죄책감이 한꺼번에 몰려왔다. "나는 무능한 엄마야." 그 생각은 곧 자기비난으로 이어졌다. 실제로 나는 괜찮지 않았기 때문이다.

"

행복의 열쇠는 자기 인식과 자기 수용에 있습니다.

"

- 로베르토 아사지올리 -

심리학에서는 이런 내면의 목소리를 '내면화된 부모상'이라 부른다. 자라면서 내면에 각인된 '이래야 해'라는 이상적 기준이 현실의 나를 억압한다. 나는 엄마가 되었지만, 동시에 어린 시절의 나도 함께 되살아났다.

특히 감정 탈동조화(Emotional dissonance, 겉으론 웃고 있지만, 속은 울고 있는 상태)는 날카로운 고통을 가져왔다. 기쁘다고 말하지만 속은 무너지고, 괜찮다고 웃지만 마음은 무너진다. 웃음 뒤의 울음을 스스로도 눈치채지 못할 정도로 감정의 층위는 복잡해졌다.

하루는 이런 일이 있었다. 낮잠을 자는 아이 옆에 조용히 앉아 있던 중, 갑자기 심장이 빨리 뛰기 시작했다. 이유 없는 불안이었다. 아무 일도 일어나지 않았지만, 내 몸은 공포 속에 있었다. 나는 아이가 깨기도 전에 거실로 나와 숨을 고르며 울었다.

이후 나는 작은 노트를 마련했다. 감정 일기를 쓰기 위해서였다. '나는 지금 어떤 감정을 느끼는가?'라는 질문을 매일 스스로에게 던졌다. 처음엔 적막했고, 아무 말도 떠오르지 않았다. 하지만 시간이 지나며 단어들이 떠올랐다. 외로움, 초조함, 슬픔, 미움, 죄책감… 그리고 안도.

감정에 이름을 붙이는 과정은 자기 회복의 시작이었다. 감정을 언어화하자 비로소 통제가 가능해졌다. 그 감정은 더 이상 나를 압도하지 않았다. 나는 슬퍼도 괜찮았고, 무서워도 괜찮았다. 감정은 내 적이 아니라 동료가 되었다.

이것은 '감정 탈동조화'의 시작이었다. 불안이라는 감정을 느끼더라도 그 감정 때문에 무언가를 회피하는 대신, 그 감정을 느끼면서도 '아이와 함께하는 것'과 같이 자신의 중요한 가치를 선택할 수 있게 되는 것이다. 이는 감정을 억누르거나 피하는 것이 아니라, 감정과 공존하며 삶의 주도권을 되찾는 심리적 기술이다. 이 깨달음은 나의 삶을 조금씩 변화시켰다.

감정 탈동조화

겉으로는 웃지만 속으로는 눈물
"괜찮아"라고 말하지만, 가슴이 쪼그라드는 느낌

이중감정 속에서 나는 감정 인식 → 감정 명명 → 감정 허용이라는 단계를 연습하기 시작했다.

'엄마'라는 이름이 모든 것을 설명해주지 않는다는 사실도 깨달았다. 나는 여전히 나였다. 단지 더 많은 감정과 역할을 동시에 품은 존재였을 뿐이다. 이 정체성의 확장은 두려웠지만, 동시에 내가 성장하고 있다는 증거이기도 했다.

회복의 시작은 아주 사소한 것에서 찾아왔다. 아이가 잠든 짧은 틈에 창문을 열고 바깥 공기를 마셨을 때, 나는 문득 '살아 있구나'라는 감각을 느꼈다. 그 한순간의 맑음이, 다시 나를 붙들어 주었다.

다음 날, 오랜만에 머리를 감았다. 뜨거운 물이 목덜미를 타고 흐를 때, 내 몸이 온전히 나에게 속한 것이라는 사실을 다시 깨달았다. 몸을 돌보는 것이 곧 나를 돌보는 시작이 되었다.

이후 나는 감정 관리 루틴을 만들기 시작했다. 하루에 한 번, 차 한 잔을 마시며 나에게 질문을 던졌다. '지금, 나는 어떤 기분이지?' 이 질문은 단순하지만 나를 변화시키는 힘이 있었다. 감정을 외면하지 않는 연습이었기 때문이다.

✎ 감정 일기 기록 루틴

지금 느끼는 감정은 무엇인가요?
그 감정은 언제 시작되었나요?
그 감정을 한 단어로 표현한다면?
그 감정에게 하고 싶은 말은?

✎ 감정일기노트

그 무렵, 아이가 이유 없이 오래 울던 날이 있었다. 나는 모든 방법을 써보았지만 울음을 멈출 수 없었고, 결국 주저앉아 아이와 함께 울었다. 그런데 그날 밤, 아이는 처음으로 내 품에서 스르르 잠이 들었다.
그 일은 내 마음에 깊게 남았다. 아이와 함께 울고, 함께 버텼던 시간이 우리 사이를 조금씩 이어주는 느낌이었다. 육아란 해결이 아니라 공존이라는 생각이 처음으로 들었다.

♡ 마음을 살리는 10분 루틴

✿ 마음챙김 명상(Mindfulness)

지금 이 순간, 내 감각·생각·감정을 판단 없이 바라보는 연습을 해보세요.눈을 감고 3분 동안 호흡과 몸의 감각에 집중해보는 것부터 시작해요.

📑 엄마 마음 리셋 노트

- 오늘 감정 강도(0-100):

- 오늘 가장 큰 감정:

- 감정을 악화시킨 요인: 수면 부족 / 통증 / 예측 불가능함

- 긴장 풀기 루틴: 심호흡 / 산책 / 3분 명상

- 오늘 나에게 해주고 싶은 말:

💬 심리학자 엄마의 목소리

"밤마다 아이가 깨울 때마다, 내 몸도 마음도 산산이 조각나는 것 같았어요. 깊은 잠을 자지 못한 채 아침을 맞을 때면, 작은 일에도 쉽게 무너지고, 스스로를 탓하기도 했죠. 하지만 그런 순간에도 내 마음 한편에서는 '이렇게 힘든 시간을 견디고 있는 너, 정말 잘하고 있어'라고 조용히 말해주려 했어요. 완벽하지 않아도 괜찮다는 걸, 매일 스스로에게 상기시키며 버텼어요. 지금 이 글을 읽는 당신에게도 꼭 전하고 싶어요. '당신의 밤도, 당신의 마음도 소중해요. 이미 충분히 잘하고 있어요.'"

☆ 마음 챙김 노트

감정은 공식을 따르지 않아요. 머무르고, 느끼고, 흘려보내야 하는 파도랍니다.

📟 오늘, 내 마음에 건네는 질문

파도가 몰아칠 때, 엄마가 선택할 '작은 의식'은 무엇인가요?

"

"나는 괜찮을 거야"의
균열

"

"나는 괜찮을 거야."
당신도 이 말을 반복하며 하루를 버틴 적이 있나요?
그 말 속에 감춰진
진짜 감정은 무엇이었나요?

산후 3주가 지나자, 나는 '나는 괜찮을 거야'라는 말을 거의 주문처럼 반복했다. 하지만 그 말의 무게는 점점 가벼워졌고, 나의 내면은 무거워졌다.

'괜찮다'는 말은 더 이상 나를 지켜주는 보호막이 아니었다. 오히려 그 안에 숨어버리려는 방어기제가 되었다. 나는 왜 이렇게 자주 불안해지는 걸까? 왜 이토록 사소한 일에도 무너질까?

어느 날 밤, 아이가 자고있는 동안 나는 거실에 앉아 있었다. 불을 끄고 TV도 끈 채, 조용히 앉아 있던 그 순간, 갑자기 온몸이 떨리기 시작했다. 불안 발작이었다. 숨이 가빠지고, 눈물이 멈추지 않았다.

인지행동치료(CBT, 생각을 다르게 말 걸어보기)는 이런 자기암시의 이중성을 지적한다. 긍정적인 자기 대화는 회복을 도울 수 있지만, 감정을 회피하는 수단이 되면 오히려 회복을 방해한다. 나는 괜찮다고 말하면서, 사실은 무너지고 있다는 신호를 외면하고 있었다.

인지행동치료(CBT) 자동사고 분석

자동사고	왜곡 사고 유형	현실검증 질문	대안적 사고
나는 엄마로서 실패자야	흑백논리	정말 항상 그런가요?	나는 오늘 아기와 눈을 맞췄고, 그것만으로도 의미 있어
나만 힘든 것 같아	과잉 일반화	모두가 그린가요?	많은 엄마들도 이 과정을 겪어요

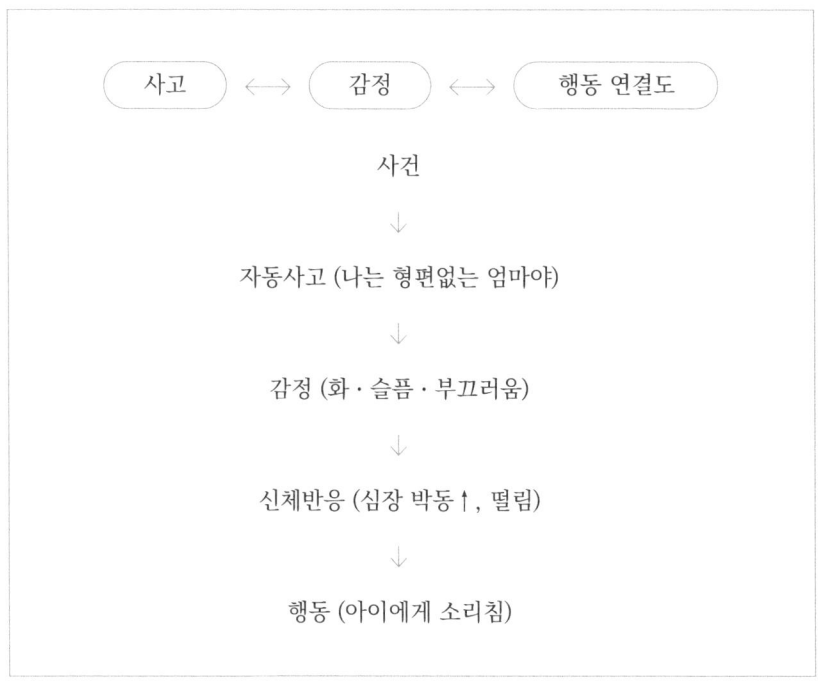

사고 ⟷ 감정 ⟷ 행동 연결도

사건

↓

자동사고 (나는 형편없는 엄마야)

↓

감정 (화·슬픔·부끄러움)

↓

신체반응 (심장 박동↑, 떨림)

↓

행동 (아이에게 소리침)

"

눈물을 흘리는 일을 부끄러워할 필요는 없다.
눈물은 고통을 이겨내려는 위대한 용기를 뜻하기 때문이다.

"

- 빅터 프랭클 -

나는 다시 노트를 꺼내 자기대화를 적기 시작했다.

'괜찮지 않아도 괜찮다.'

이 문장을 쓰면서도 손이 떨렸다. 하지만 이상하게도, 그 순간 처음으로 안도감을 느꼈다. 내가 내 마음을 속이지 않았기 때문이다.

그 후로 나는 나 자신에게 솔직한 문장을 쓰려고 노력했다. '나는 힘들다.', '나는 때때로 도망치고 싶다.', '나는 좋은 엄마이고 싶지만, 지금은 그렇지 않다.' 이 문장들은 처음엔 무서웠지만, 시간이 지나며 나를 지탱하는 말이 되었다.

실천 문장

• "나는 괜찮지 않아도 괜찮다."
• "이 감정은 나를 무너뜨리기 위해 온 것이 아니라, 나를 지키기 위한 신호일 뿐이다."

자기효능감이 회복되기 시작한 건, 작은 성공 경험 덕분이었다. 아이가 울지 않고 잘 잤던 날, 밥을 제시간에 챙겨 먹은 날, 10분이라도 혼자만의 시간을 보낸 날. 이 조각 같은 성취들이 나에게 '나는 해낼 수 있어'라는 믿음을 조금씩 되찾게 했다.

그 믿음은 어느 날 친구에게 도움을 요청하면서 더 단단해졌다. '나 요즘 너무 힘들어.' 그 말은 짧았지만, 나에게는 큰 용기였다. 친구는 내 말을 끊지 않고 들어주었고, 그것만으로도 내 마음은 절반쯤 회복되었다. 자기효능감이란, '할 수 있다'는 믿음이 아니라 '시도할 수 있다'는 용기라는 걸 그때 알게 되었다. 실패하더라도 괜찮다고 말할 수 있는 용기. 그것이야말로 산후의 시간을 살아가는 엄마에게 가장 절실한 내적 자원이었고, 삶을 지탱하는 힘이었다.

나는 지금도 완벽한 엄마가 아니다. 여전히 울기도 하고, 지치기도 한다.

하지만 이제는 안다.

'나는 괜찮지 않아도 괜찮다.'

그리고 그 말이 나를 진짜로 괜찮게 만든다는 사실을.

심리학을 공부하면서도 그동안 내가 외면했던 나의 감정에 이름을 붙여주었다. 이름을 붙인 감정은 통제가 가능하다. 그리고 통제할 수 있는 감정은, 더 이상 두렵지 않다. 나는 그 이름 붙이기의 과정을 통해, 다시 나를 이해하는 중이다.

내가 괜찮지 않다는 걸 인정하는 데 시간이 걸렸다. 그것은 단지 감정을 표현하는 것이 아니라, 나 자신을 드러내는 일이었다. 상처받기 쉬운 상태의 나를 있는 그대로 받아들이는 연습이 필요했다.

회복이란 대단한 변화가 아니라, 아주 사소한 감정의 전환에서 시작된다는 걸 알게 되었다. 울고 싶을 때 울 수 있는 자유, 괜찮지 않다고 말할 수 있는 용기, 이것들이 모여 나를 다시 세웠다.

감정 일기를 계속 쓰면서, 나는 내 감정의 패턴을 파악할 수 있었다. 특히 낮잠을 잘 자지 못한 날, 혼자 있는 시간이 전혀 없던 날은 유독 불안과 짜증이 극대화되었다. 이것은 내가 나에게 필요한 것이 무엇인지 알 수 있게 해주었다.

그 후부터 나는 하루에 단 10분이라도 혼자만의 시간을 만들기 위해 애썼다. 아이가 자는 틈을 타 잠깐이라도 눈을 감고, 심호흡을 하거나 짧은 명상을 했다. 이 작은 습관이 내 정서 상태를 안정시키는 데 큰 역할을 했다.

♡ 마음을 살리는 10분 루틴

🧠 인지 왜곡 도전(CBT) 실천법

인지 왜곡을 도전하고 수정하는 과정은 우울, 불안 등 다양한 심리적 어려움에서 핵심적인 치료 전략입니다. 아래는 대표적인 인지 왜곡 도전 단계와 구체적 실천 방법입니다. 흑백논리, 당위적 사고 같은 자동사고를 알아차리고, 질문을 던져봅니다.

1. 사건(Event):
• "아이가 울음을 멈추지 않아 화가 난 상황"
2. 자동사고(Thought):
• "나는 형편없는 엄마다"
3. 감정(Emotion):
• "부끄러움(50점), 화(80점), 슬픔(60점)"
4. 신체반응(Physical Sensation):
• "심장 두근거림, 얼굴 화끈거림, 손 떨림"
5. 행동(Behavior):
• "아이에게 소리침, 문 밖으로 나감"
6. 왜곡된 사고 유형(Distortion):
• "흑백논리, 과잉일반화"
7. 대안적 사고(Alternative Thought):
• "많은 엄마가 이런 순간을 겪는다. 혼자 해결할 필요 없다."
8. 새로운 감정(New Emotion):
• "안도(30점), 결심(50점)"

CBT의 목표는 단순히 긍정적으로 생각하는 것이 아니라, 더 정확하고 균형 잡힌 시각을 기르는 것입니다. 그러나 인지 왜곡 도전은 혼자서 연습할 수도 있지만, 증상이 심하거나 반복적으로 부정적 사고에 빠질 때는 전문가의 도움을 받는 것이 효과적입니다.

📑 엄마 마음 리셋 노트

• 자동사고: 예) "나는 실패자야."

• 도전 질문: 예) "정말 그런가요? 다른 관점은 없을까요?"

• 오늘 내가 나에게 들려주고 싶은 새로운 문장: _____

💬 심리학자 엄마의 목소리

"밤마다 '더 잘해야 해, 더 강해야 해'라는 생각에 스스로를 몰아붙였던 때가 있었어요. 실수 하나에도 마음이 무거워지고, 나만 부족한 것 같아 자꾸만 자신을 책망했죠. 하지만 어느 순간, 내 마음에 조금 더 너그러워지기로 했어요. '지금 이만큼도 충분하다'고, '실수해도 괜찮다'고 스스로를 다독였을 때, 마음이 한결 가벼워졌어요. 완벽하지 않아도, 있는 그대로의 나를 받아들이는 연습을 하면서 비로소 숨 쉴 수 있었어요. 이 경험을 당신에게도 전하고 싶어요. 자기 자신에게 조금 더 자비롭게 대해보세요. 이미 충분히 잘하고 있다는 걸, 잊지 마세요"

☆ 마음 챙김 노트

'괜찮다'가 아니라 '괜찮지 않음'을 인정할 때, 회복의 문이 열립니다.

📷 오늘, 내 마음에 건네는 질문

오늘 엄마는 우리를 위해 어떤 질문을 던져볼까요?

"

심리학에서 본
엄마 마음의 변화

"

출산 이후,
당신은 스스로에게 어떤 말을 가장 자주 건넸나요?
그 말은 당신의 마음을 어떻게 변화시켰나요?

출산 이후, 내 마음은 하루에도 수차례 색을 바꾸는 카멜레온 같았다. 아침에는 평온하다가도, 오후가 되면 불안이 밀려왔고, 밤에는 정체 모를 슬픔이 가슴을 짓눌렀다.

이 변화무쌍한 감정들은 단순히 피곤해서 그런 것이 아니었다. 아이를 낳기 전까지, 나는 내가 누구인지 확고하게 알고 있다고 믿었다. 하지만 출산은 나의 정체성을 산산이 흩뜨려 놓고, 다시 하나씩 조각을 맞추게 하는 시간이기도 했다.

정서조절이론은 감정을 억누르기보다는 인식하고 수용하는 과정을 강조한다. 나는 처음에는 이론을 읊조리듯 되뇌었다. '감정은 억제할수록 더 커진다.', '있는 그대로 느껴야 한다.' 하지만 실제로는 느끼는 것이 두려웠다. 감정을 마주하기 위해 필요한 것은 자기자비(Self-compassion, 나에게 따뜻하게 말 걸기)이었다.

정서조절 전략 실습(하루 일지)

날짜: 2025년 6월 1일

상황 선택(Situation Selection)

- 오전 9시: 아이 낮잠 시간에 잠깐 근처 공원 산책 → 과도한 자극 회피

상황 수정(Situation Modification)

- 오후 1시: 수면 환경 개선(조용한 음악 + 은은한 조명)으로 낮잠 유도

주의 전환(Attention Deployment)

- 오후 3시: 감정이 올라올 때 책 읽기(가벼운 에세이)로 시선 전환

인지 재해석(Cognitive Reappraisal)

- 오후 5시: 아이가 울 때 "아기도 스트레스 받았구나"라고 해석 → 분노 수위↓

실습 소감

"오전 산책으로 답답한 마음이 한결 가벼워졌습니다. 낮잠 환경을 바꾸자 아이가 빠르게 잠들었고, 그 사이 짧게 책을 읽으며 휴식할 수 있었습니다. 오후에 아이가 울 때는 '아기도 부족함을 표현하는 거야'라고 생각하니 분노가 훨씬 줄어들었어요."

심리학자 크리스틴 네프가 말한 것처럼, '자기 자신에게 따뜻한 말 한마디를 건넬 수 있을 때, 회복은 시작된다.' 나는 나에게 그 따뜻한 말 한마디를 건네기까지 많은 시간이 걸렸다.

크리스틴 네프의 자기자비(Self-Compassion) 3요소 심화

1. 자기친절(Self-Kindness, 나에게도 따뜻하게 말해주는 연습)

- 정의: 능력이 부족하거나 실패를 경험할 때, 스스로를 부드럽게 대하고 비난을 멈추는 태도.
- 하루 실천법 예시: "오늘 내가 부족했던 부분을 떠올리고, '그래도 최선을 다했어'라고 스스로 위로하는 문장 작성(아침 · 저녁 1회씩)."

2. 인간 보편성(Common Humanity, 나만 그런 게 아니야)

- 정의: 괴로움과 실패가 나만의 문제가 아님을 인식하고, 모든 사람이 비슷한 경험을 한다는 사실을 받아들이는 것.
- 하루 실천법 예시: '우리는 모두 완벽하지 않아'라는 문구를 수시로 떠올리기 → 타인과 감정 공유([예시] 같은 산후우울을 겪은 동료에게 짧은 메시지 보내기)

3. 마음챙김(Mindfulness, 지금 이 순간, 내 마음 바라보기)

- 정의: 현재 순간의 감정을 비판 없이 관찰하고, 그 감정이 지나가도록 허용하는 마음 상태.
- 하루 실천법 예시: "점심 후 5분: 눈을 감고 호흡에 집중하면서 '지금 나는 어떤 감정을 느끼고 있는가' 질문하기 → 떠오르는 감정을 단어로 적어보기(종이 혹은 앱 활용)."

"
내가 나에게 따뜻하고 부드러운 마음을 보여주며
공감해주는 과정에서 진정한 치유가 이루어진다.
"

— 크리스틴 네프 —

'지금 너 정말 지쳤지. 괜찮아.'

이 문장을 처음 나에게 말했을 때, 예상치 못한 눈물이 쏟아졌다. 그건 나약함의 눈물이 아니었다. 나를 있는 그대로 받아들이는 데서 오는 해방감의 눈물이었다.

엄마가 된다는 것은 새로운 감정의 지형을 익히는 일이다. 이전까지 경험하지 못했던 감정- 질투, 무기력, 회의감, 존재감의 소멸- 이 끊임없이 밀려온다. 이런 감정들을 언어화하지 못하면, 결국 마음은 점점 더 혼란스러워진다.

나는 심리학이라는 도구를 통해 내 감정을 하나씩 분석하고 이름 붙이기 시작했다. '이건 상실감이구나.', '이건 자기혐오구나.' 이름을 붙인 감정은 훨씬 덜 위협적이었다.

감정을 언어화하는 과정은 나를 보호하는 행위였다. 그것은 일종의 심리적 해석이자, 자기존중의 실천이었다. 내가 나를 이해하려는 노력은, 타인의 시선보다 더 큰 위안이 되었다.

심리학자들은 감정 조절을 네 가지 전략으로 설명한다. 상황 선택, 상황 수정, 주의 전환, 인지 재해석. 나는 특히 '인지 재해석'이 큰 도움이 되었다. 똑같은 상황도 어떻게 바라보느냐에 따라 감정은 달라진다.

아이가 이유 없이 울 때 '또 울어? 왜 나만 이렇게 힘들어?'라고 생각하면 분노가 치밀었다. 하지만 '아기도 힘들겠지. 울음밖에 표현 방법이 없으니까.'라고 해석하면 내 감정도 훨씬 부드러워졌다.

이런 인지적 전환은 자기자비와 밀접하게 연결된다. 나 자신에게 '그래도 잘 하고 있어'라고 말해주는 습관은 나를 무너지지 않게 했다.

결국, 심리학은 내 마음의 GPS가 되어주었다. 내가 어디에 있는지, 지금 어떤 상태인지, 어디로 가야 하는지를 알려주는 지도였다. 그 지도를 따라가며, 나는 점점 더 나다운 엄마가 되어가고 있었다.

마음을 돌보는 여러 방법 중에서도 나에게 가장 큰 힘이 된 것은 '공감적 자기인식'이었다. 감정을 억제하거나 평가하지 않고, 그냥 그대로 받아들이는 태도였다. '나는 지금 슬프다'고 말할 수 있을 때, 나는 이미 그 슬픔을 통제하기 시작한 것이다.

정서조절 전략

• 상황 선택: 감정이 심한 상황 피하기
• 상황 수정: 수면 환경 개선, 일정 조정
• 주의 전환: 책 읽기, 음악 듣기 등으로 시선 전환
• 인지 재해석: "아이도 힘들어서 울고 있다"

또한, 감정을 신체 감각과 연결해서 느끼는 연습도 했다. 슬픔은 가슴이 답답하게 느껴졌고, 분노는 목이 뻣뻣해지는 식이었다. 이렇게 감정을 몸으로 인식하면, 머리로만 이해할 때보다 훨씬 더 치유가 빨리 일어났다.
아이를 돌보는 일상 속에서 나에게 말을 건네는 습관도 생겼다.

'지금 힘들지? 그래도 잘하고 있어.'

이 짧은 속삭임이 나를 무너지지 않게 붙들어주었다. 그것은 단순한 위로가 아니라, 존재를 인정하는 언어였다.
심리학에서 말하는 자기자비는 나약함이 아니라 강인함의 또 다른 표현이었다. 타인을 돌보는 힘은 결국 나 자신을 돌보는 데서부터 시작된다는 것을 알게 되었다.

♡ 마음을 살리는 10분 루틴

🧘 자기자비(Self-Compassion)

자기친절(Self-kindness), 인간 보편성(Common humanity),
마음챙김(Mindfulness)을 실천해 보세요.
"나만 그런 게 아니야.", "이 또한 삶의 일부야.", "지금 느끼는 그대로 괜찮아."

📑 엄마 마음 리셋 노트

• 오늘 느낀 감정 3가지:_____, _____, _____

• 각 감정에 해주고 싶은 말:

"_____을 겪었구나, 정말 잘 버텼어."
"_____한 마음, 이해해. 충분히 힘들 수 있어."

💬 심리학자 엄마의 목소리

"예전에는 아이와 가족을 먼저 챙기느라 내 마음은 늘 뒷전이었어요. 힘들고 지칠
때마다 '엄마니까 괜찮아야 해'라고 스스로를 다그쳤죠. 하지만 어느 순간, 내 감정
에 솔직해지고, 힘든 내 마음을 따뜻하게 안아주기로 했어요. '지금 이대로도 괜찮
아'라고 스스로에게 말해주자, 내 안에 부드러운 온기가 퍼지기 시작했어요. 신기하
게도, 내 마음이 조금씩 편안해질수록 우리 집에도 웃음과 여유가 돌아왔어요. 자기
자신을 돌보는 일이 곧 가족 모두에게 따뜻함을 전한다는 걸, 이제는 알게 되었어
요. 이 경험을 당신에게도 전하고 싶어요. 오늘 하루, 당신의 마음에도 작은 온기가
깃들길 바라요."

☆ 마음 챙김 노트

감정은 돌봐야 할 대상이지, 억눌러야 할 대상이 아니에요.

오늘, 내 마음에 건네는 질문

오늘 엄마는 우리 자신에게 어떤 다정한 언어를 건넬까요?

"

슬픔과
무기력의 반복

"

오늘 아침,
당신의 첫 감정은 무엇이었나요?
그 감정은 지금 어디쯤 머무르고 있나요?

그날 아침, 나는 알람 없이 깼다. 아이의 울음소리가 들리지 않아도 내 몸은 이미 준비되어 있었다. 아니, 정확히 말하면 긴장 상태에 가까웠다. 또 어떤 하루가 시작될까 두려웠다.

창밖은 밝았지만, 내 마음은 여전히 어두운 방 안에 있었다. 이유도 없이, 눈가에 조용히 눈물이 고였다. 감정은 이유를 묻지 않고 나를 소용돌이 속으로 몰아넣었다.

무기력은 내가 뭔가를 하지 못하는 상태가 아니라, 아무것도 하고 싶지 않은 상태였다. 아이의 웃음조차 에너지가 필요했다. 하루하루 가 지나갈수록 나는 점점 더 침묵하는 존재가 되어갔다.

슬픔은 눈물이 되기도 했고, 텅 빈 시선이 되어 벽을 오래 바라보게 도 했다. 무엇보다도 이 감정에서 빠져나올 수 없다는 사실이 나를 더 깊이 가라앉혔다. 나는 예전의 나로 돌아갈 수 없을까, 그런 생각 을 자주 했다.

무기력 일지 작성 양식

1. 날짜/시간: 2025년 6월 2일 / 오전 8시

2. 감정 현황(슬픔 ___%, 무기력 ___%, 평온 ___%)

• 예시: 슬픔 60% / 무기력 80% / 평온 10%

3. 주요 원인(가장 큰 감정 요인 써보기)

• 예시: 전날 밤에 아이가 잘 자지 못해 수면 부족

4. 신체 반응(신체 증상 기입)

• 예시: 머리가 무겁고, 눈꺼풀이 자꾸 내려앉음

5. 생각/인지(내가 떠올린 자동사고)

• 예시: "난 왜 이 정도도 못 견디지?"

6. 대처 행동(당시 취한 행동)

• 예시: 소파에 누워 휴대폰만 응시

7. 새로운 시도(무기력 깨기 위한 시도)

• 예시: 알람 맞춰 두고 5분 스트레칭 시도

8. 결과(시도 후 느낀 변화)

• 예시: 스트레칭 후 어깨 통증이 조금 완화되고, 눈물이 줄어듦

심리학적으로 감정의 회피는 우울을 악화시킨다. 감정을 억누르고 외면할수록, 뇌의 감정 처리 회로는 더 민감하게 반응하게 된다. 나는 이를 통해 나 자신이 심리치유의 사례가 되어감을 느꼈다.

특히 전전두엽의 기능 저하는 나의 판단력과 사고력에 큰 영향을 주었다. 아이의 행동 하나에도 과민하게 반응했고, 사소한 실수에도 지나치게 자책했다. 내 뇌가 나를 속박하는 느낌이었다.

산후우울 완화에 도움되는 대체 치료법

1. 명상(Meditation)
- 방법: 하루 5분~10분, 눈을 감고 호흡만 관찰하기
- 효과: 코르티솔 분비 감소, 편도체 과활성화 완화, 전전두엽 활성도 증가

2. 요가(Yoga Therapy)
- 방법: 엄마용 부드러운 스트레칭 및 호흡 운동
  (산전 · 산후 요가 클래스 추천)
- 효과: 신체 이완, 근육 긴장 완화, 정서 조절

3. 미술치료(Art Therapy)
- 방법: 자유 드로잉 또는 고흐 · 세잔 등의 작품 감상 후, 자신의 감정을
  색·선으로 표현
- 효과: 언어 밖의 감정 표출, 스트레스 경감, 자기 이해 증진

4. 애완동물 테라피(Pet Therapy)
- 방법: 강아지·고양이 등 반려동물과의 짧은 상호작용(Interaction, 마음과
  마음이 부딪히며 이어지는 순간) - 쓰다듬기, 산책 동반
- 효과: 옥시토신 분비 증가, 고독감 해소, 긍정적 정서 유도

감정 회피형 우울은 내게 아주 익숙한 모습이었다. 겉으로는 모든 일을 잘 해내는 것처럼 보이지만, 속은 텅 비어 있었다. 누구에게도 쉽게 털어놓을 수 없었다. '나는 잘하고 있어'라는 말조차 위선처럼 느껴졌다.

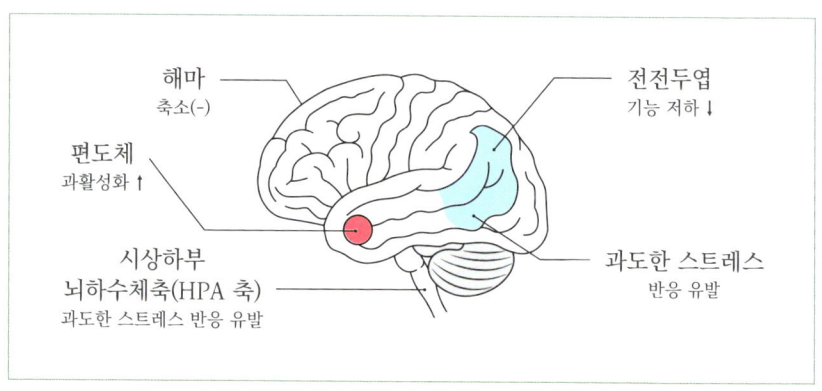

해마
축소(-)

편도체
과활성화 ↑

시상하부
뇌하수체축(HPA 축)
과도한 스트레스 반응 유발

전전두엽
기능 저하 ↓

과도한 스트레스
반응 유발

나는 점차 자기 비난의 목소리에 익숙해졌다. '넌 왜 이 정도도 못 참니', '다른 엄마들은 다 잘만 하잖아'는 자동사고가 무한 반복되었다. 감정은 내 머릿속에서만 돌고 도는 소용돌이가 되었다.

이후 나는 감정을 기록하기 시작했다. 슬픔이 올 때, 무기력이 몰려올 때, 나는 그 감정을 글로 써보았다. '나는 지금 아무것도 하기 싫다.' 이 문장을 쓰는 것만으로도 감정이 조금 가벼워졌다.

우울의 신경과학적 원인과 흐름

• 코르티솔(Cortisol) 과다 분비

스트레스 호르몬인 코르티솔이 과도하게 분비되면, 해마(hippocampus)의 신경세포 생존을 방해하고 기억 형성에 악영향을 줍니다. 이로 인해 '무기력감'이 심화되고, 반복되는 스트레스 상황에서 회복이 어려워집니다.

• 해마(Hippocampus)의 축소

만성 스트레스와 우울 상태가 지속되면 해마 부피가 줄어들어 학습 · 기억 · 정서 조절 능력이 약화됩니다. 산후 시기 해마가 축소된 엄마는 '기억력 저하'와 '감정 과잉 반응'을 동시에 경험할 가능성이 높아집니다.

"

눈물은 아무리 막으려 해도 흘러내린다.
또한 흘러내림으로써 영혼을 진정시킨다.

"

– 세네카 –

감정의 뇌과학: 무기력은 '의지 부족'이 아니다

• 전전두엽 기능 저하 → 감정 조절, 계획 능력 저하
• 코르티솔 과다 분비 → 해마와 편도체에 영향
• 감정 기억의 왜곡, 공포 반응 증가

감정은 '기분'이 아닌, 신경계의 구조적 신호다. 나는 더 이상 "별일 아니야"라고 내 감정을 무시하지 않게 되었다. 심리학에서는 이를 '감정 회피형 우울(avoidant-type depression)'이라 부른다. 겉은 멀쩡해 보이지만, 내부에선 감정의 소화가 멈춘 상태를 말한다.
특히 산후의 나는 수면 부족, 사회적 고립, 호르몬 급변이 세 가지 복합 요인으로 자율신경계의 균형을 완전히 잃고 있었다.

♡ 마음을 살리는 10분 루틴

✎ 학습된 무기력 깨기

작고 구체적인 목표를 세워 성공 경험을 쌓고,
통제감을 회복해요.

📑 엄마 마음 리셋 노트

• 오늘의 감정 비율: 슬픔 _____% / 무기력 _____% / 평온 _____%

• 감정이 최고조로 치솟은 순간:

• 내가 시도할 작은 도전:

✐ 실천 1: 감정 일기

"오늘 70% 무기력, 20% 짜증, 10% 희망."
숫자는 막연했지만, 반복되며 패턴이 보이기 시작했다.
감정을 악화시키는 요인은 '육아 사건'이 아니라
'사회적 고립'과 '예측 불가능성'이었다.

✋ 실천 2: 감정 통과시키기와 마음챙김

감정을 억제하는 대신,
"나는 지금 슬프다"고 말하고 그 감정이 지나가도록 기다렸다.

• 음악을 들으며 울기
• 친구에게 감정 메시지로 나누기
• 감정의 파도에 휩쓸리기보다 '떠 있기'

마음챙김(Mindfulness)은 감정을 판단하지 않고, 인식하며 머무는 힘이다.

👩‍💼 심리학자 엄마의 목소리

"끝이 보이지 않는 하루하루에 지쳐, 모든 노력이 허사처럼 느껴질 때가 있었어요. 아이를 위해, 가족을 위해 애쓰면서도 내 마음은 점점 바닥을 드러냈죠. '나는 왜 이렇게밖에 못할까' 자책하며, 스스로를 몰아붙이기도 했어요. 하지만 어느 순간, 이런 감정마저도 솔직하게 인정해 보기로 했어요. '지금 너무 힘들다'고, '이렇게 느끼는 나도 괜찮다'고 내 마음을 다정하게 안아주었죠. 포기하고 싶은 그 순간에도, 당신은 이미 충분히 잘하고 있다는 걸 잊지 마세요."

☆ 마음 챙김 노트

무기력은 "못한다"의 문제가 아니라, 통제감을 잃은 신호입니다.

📖 오늘, 내 마음에 건네는 질문

오늘 나는 어떤 작은 도전으로 내 통제감을 되찾을 수 있을까요?

"

죄책감에 갇힌
전문가의 혼란

"

"나는 이걸 알고 있는데 왜 못할까?"
이 질문 앞에서,
당신은 자신을 얼마나 자주 비난했나요?

육아가 버거울수록 나는 자주 나 자신을 자책했다. '왜 나는 이 정도도 못 견디는 걸까?', '심리학자인데, 이걸 극복하지 못하다니.' 이러한 질문은 비난의 형태로 내면 깊숙이 파고들었고, 반복될수록 나는 점점 더 위축되었다.

사람들은 '심리학자 엄마'를 기대했다. 감정을 잘 다루고, 아이의 행동을 따뜻하게 해석하며, 안정 애착을 실천하는 전문가 엄마.

하지만 현실의 나는 지쳐 있었고, 짜증을 냈고, 아이 앞에서 울기도 했다.

심리학을 공부했다는 것은 내 마음을 이해하는 데 큰 도구였지만, 때로는 그 도구가 내게 족쇄가 되었다. '나는 알고 있다'는 사실이 오히려 '그런데도 왜 잘 못하는가'라는 이중의 자기비난을 불러왔다.

전문가 엄마들의 이중 고충 사례(익명 인터뷰)

• 사례 1

"저는 상담사로서 내담자의 감정을 다루다 보면 제 감정은 항상 뒤로 밀린다는 걸 느꼈어요. 출산 후 3개월째, 클라이언트 면담을 하는 동안 갑자기 눈물이 나왔습니다. 그때 '내 역할이 뭐지?'라는 혼란이 왔죠. 상담 이론은 잘 설명할 수 있었지만, 제 아기의 울음소리 앞에서는 무너질 것 같았어요."

- 35세, 심리상담사

• 사례 2

"전문가로서 '내가 이걸 알아야 돼'라는 압박감이 컸습니다. 아기가 갑자기 열이 나서 응급실에 갔을 때, 이론과 실제는 너무 달랐어요. 논문에서 본 '응급 대처 방법'보다도, 우선 저 자신이 패닉 상태를 어떻게 다스리느냐가 더 중요했습니다."

- 40세, 임상심리사

• 사례 3

"상담 사례 수기를 쓰던 중 제 산후우울 경험을 포함시킬까 말까 고민했어요. 전문가로서 '내 경험은 객관적이지 않다'는 자책이 들었죠. 그러나 결국 소수의 동료 엄마들에게만 공유했는데, 그 반응이 '나만 그런 게 아니었구나'라는 큰 위로가 되었습니다."

- 32세, 학교폭력 전문상담사

"
완벽주의는 자기 보호의 전략이 아니라,
자기 고립의 전략입니다
"

- 브레네 브라운 -

죄책감은 부모가 되는 과정에서 누구나 한 번쯤 겪는 감정이다. 그러나 전문가인 나는 그 죄책감을 더 깊고 날카롭게 경험했다.

보통의 부모라면 "몰랐으니까 어쩔 수 없지"라고 스스로를 위로할 수 있다. 하지만 나는 "알면서도 제대로 하지 못했다"는 생각에 스스로를 더 심하게 비난했다.

어느 순간부터 내 감정이 아이를 향해 쏟아지고 있다는 걸 알았다. 울음도, 분노도, 말끝에 묻어나는 날카로움도. 감정을 다루는 심리학자라는 이름이 무색하게, 나는 내 감정조차 감당하지 못했다. 그렇게 무너지는 나를 바라보며, "나는 정말 엄마일 자격이 있는가?"라는 말이 마음을 후벼팠다. 완벽주의는 자기 고립의 전략이라는 브레네 브라운의 말이 내게 깊이 와닿았다.

완벽주의(Perfectionism, '항상 잘해야 해'라는 속마음의 채찍)가 단순히 높은 기준을 추구하는 건강한 노력이 아니라, 본질적으로 "나는 부족하다"는 수치심(shame)과 "비난받거나 거절당할 것에 대한 두려움"에서 비롯된 방어기제임을 강조한다.

'내가 완벽하게 보이고 완벽하게 해낸다면, 누구도 나의 부족함을 보지 못할 것이고, 나는 비난받거나 거절당하지 않을 것'이라는 믿음이 완벽주의의 뿌리이다. "우리가 상처받을까 봐 들고 다니는 20톤짜리 방패"에 비유한다. 이 방패는 외부의 비난과 판단, 수치심으로부터 우리를 보호해줄 것처럼 보이지만, 실제로는 타인과의 진정한 연결과 소속감을 가로막고, 우리 자신을 세상으로부터 고립시키는 역할을 한다. 완벽주의자는 실수를 두려워하고, 자신의 취약함을 숨기려 하며, 그 결과로 자기검열과 자기의심, 고립감이 심화된다.

나는 완벽하려고 했지만, 그 과정에서 누구와도 나의 감정을 공유하지 못했다. 감정을 나누면 '전문성이 없다'고 평가받을까 두려웠다.

완벽주의 성향 자가진단 체크리스트(10문항)

- ☐ 나는 실수하면 스스로를 심하게 비난한다.
- ☐ 나는 주변 사람들의 기대치를 항상 염두에 둔다.
- ☐ 계획대로 일이 진행되지 않으면 쉽게 좌절한다.
- ☐ 아무리 작은 일이라도 완벽하게 해내야 안심된다.
- ☐ '잘하고 있다'는 칭찬보다는 '더 잘해야 한다'는 압박을 더 자주 느낀다.
- ☐ 주변에서 나를 비판하면, 그것이 곧 나 자신이 부족하다는 증거라고 생각한다.
- ☐ 휴식을 취하면 '내가 일을 게을리했다'는 죄책감이 든다.
- ☐ 아기가 울어도 이론대로 대처하지 못하면 스스로를 무능하다고 여긴다.
- ☐ 작은 실수도 용납하지 못해 스스로를 끊임없이 채찍질한다.
- ☐ 이상적인 '좋은 엄마'의 이미지에 도달하려고 지나치게 애쓴다.

성향

- 0~2개 해당: 비교적 낮은 완벽주의 성향
- 3~5개 해당: 중간 정도 완벽주의 성향(등록적 스트레스 관리 권장)
- 6~10개 해당: 높은 완벽주의 성향(인지행동치료나 자기자비 훈련 필요)

내 안의 자책은 내면의 비판자로 구체화되었다. '이런 걸 힘들어하는 네가 상담을 해?' '누구를 도울 수 있다고 생각해?' 이 목소리는 내 자존감을 무너뜨리고, 매일 나를 작아지게 만들었다.

죄책감의 뿌리는 나의 완벽주의와도 연결되어 있었다. '더 나은 사람'이 되어야 한다는 압박, '좋은 엄마 콤플렉스'('이 정도는 당연히 해야 해'라는 보이지 않는 표준)는 사회적 기대와 성향이 결합해 만들어진 무거운 기준이었다.

사회는 엄마에게 희생과 헌신을 요구한다. 거기서 조금만 벗어나도 '이기적'이라는 평가를 내린다. 나는 아이가 잠든 후에도 집안을 정리했고, 혼자만의 시간을 갖고 싶다는 생각이 들 때면 죄책감이 따라왔다.

감정은 판단의 대상이 아니라고 말했던 나는 정작 내 감정을 끊임없이 해석하고 평가하고 있었다. '불완전한 모습'을 인정하는 일이 가장 어려웠다. 이 시기의 나는 내면화된 사회 규범(internalized social norms)에 철저히 지배당하고 있었다. 외부의 시선이 내 안에 깊이 자리 잡아 나를 통제하고 평가했고, 내 자아는 외부 기대에 종속된 '외부 지향적 자아'가 되어갔다.

SNS에 행복한 일상을 올리면서도, 그 속에 감춰진 피로와 눈물은 철저히 감추었다. 나는 자기를 위로하는 법을 몰랐고, 대신 '해결'하려 애썼다. 더 많은 육아서, 더 많은 정보… 하지만 그것은 도피에 불과했다. 전환점은 육아감정 일기에서 찾아왔다. '오늘 아이에게 화를 냈다.' 그 한 문장 뒤에 '지쳤다. 불안했다. 도망치고 싶었다.' 나는 처음으로 감정을 판단이 아닌 이해의 언어로 말하기 시작했다. 그 순간, 죄책감은 조금씩 옅어졌고, 나는 나 자신을 다시 회복해가기 시작했다. 감정을 솔직하게 드러내고, 그 감정이 존재할 수 있게 허락해주는 것이야말로 치유의 시작이었다.

애착 이론에서 말하는 민감한 반응, 따뜻한 눈맞춤이 얼마나 중요한지 알면서도, 지쳐버린 몸과 마음으로 그것을 실천하지 못하는 날이 반복되자 나는 '나는 자격 없는 엄마다'라는 생각에 점점 사로잡혔다. 폴 길버트의 자비불안척도(FCS)는 자기자비, 타인에게서 받는 자비, 타인에게 베푸는 자비에 대한 두려움과 저항을 각각 측정하는 도구로, 심리적 건강과 자기비난, 애착, 공감 등 다양한 심리적 변수와 밀접하게 연관되어 있다. 자비불안이 높을수록 자기비난, 애착불안, 심리적 고통이 증가하며, 임상 현장에서는 자비불안을 낮추는 개입이 심리적 회복에 중요한 역할을 할 수 있다. 나는 하루에 한 문장씩 나 자신에게 따뜻한 말을 건네기 시작했다. 처음에는 어색했고, 거짓말처럼 느껴졌지만, 계속 쓰다 보니 그 문장들이 마음에 닿기 시작했다.

'오늘도 수고했어.', '그럴 수도 있어.', '지금 이 감정도 괜찮아.' 이 짧은 문장들이 내가 나에게 건넨 가장 강력한 심리치료였다. 그것은 완벽함이 아닌, 회복탄력성(Resilience, 다시 일어나는 힘, 마음의 복원력)을 키우는 과정이었다.

폴 길버트(Paul Gilbert)의 자비에 대한 두려움 척도(Fear of Compassion Scales, FCS)는 개인이 자비(compassion)를 느끼거나 표현하는 것에 대해 갖는 두려움과 저항을 측정하는 심리 평가 도구이다. 이 척도는 자기 자비 중심 치료(Compassion Focused Therapy, CFT)에서 매우 중요한 역할을 하며, 자기비난 · 수치심 · 애착 불안 등과의 연관성을 연구하는 데 활용된다.

폴 길버트의 자비에 대한 두려움 척도

0점("전혀 그렇지 않다")부터 4점("매우 그렇다" 또는 "항상 그렇다")까지의 척도로 검사

척도 1

– 타인을 향한 자비불안(Fear of Compassion for Others)_10문항

1. 자비심이 넘치면 이용당하기 쉽다.

2. 너무 쉽게 남을 동정해 주거나 자비심이 넘치면 다른 사람들이 이를 이용할 것이다.

3. 나는 자비심이 넘치는 사람들의 이용당할까 봐 두렵다.

4. 내가 자비로운 말투로 사람을 대하기 때문에 나를 우습게 할까 두렵다.

5. 내가 자비심을 갖고 어떤 사람과 대화할 때, 상대가 나를 이용할까 봐 걱정된다.

6. 내게 자비심이 있으면 상대가 쉽게 나를 조종하려 들 것이라는 점에서 조심해야 한다고 생각된다.

7. 내가 자비심을 보이는 것이 부적절한 행동이라 여겨질까 걱정된다.

8. 자비심은 세상을 느긋하게 보는 것으로 보이며, 그렇게 보이고 싶지 않다.

9. 자비심을 가지면, 나보다 먼저 도움을 받아야 할 사람들을 챙겨야 할 것 같아 감당이 안 될 것 같다.

10. 다른 이들이 괴로워하는 모습을 보면, 그 사람들 스스로가 도움을 요청해야 한다고 생각된다.

척도 2

– 타인에게서 받는 자비불안(Fear of Compassion from Others)_13문항

1. 누군가가 나에게 친절을 보일 때, 나는 그 사람이 나를 이용하려는 것이라고 생각한다.

2. 나는 누군가가 나에게 친절하거나 자비로울 때, 매우 불편함을 느낀다.

3. 나는 사람들이 나에게 친절하거나 자비로울 때 이를 믿지 못한다.

4. 많은 사람들이 나에게 자비심을 보이는 경우에는 나를 무시하거나 나를 공격할 준비를 하고 있다고 느껴진다.

5. 나는 자비가 나에게 위험한 감정을 일으킨다고 느낀다.

6. 나는 가끔 사람들이 보이는 따뜻함과 친절함이 진심인지 의심이 된다.

7. 다른 사람들이 나에게 친절하면 나는 그 사람들과의 관계에서 따뜻함을 느끼기 어렵다.

8. 사람들이 친절하면 나는 그 사람들의 의도를 의심하고 따지려는 느낌이 강하다.

9. 나는 사람들이 내게 신경 써주거나, 항상 가까운 마음으로 신경 써줄 수 없기 때문에 다른 사람들에게 깊이 의존하는 것이 두렵다.

10. 사람들이 내게 친절하거나 자비심을 가질 때 나는 공허하거나 슬픔을 느낀다.

11. 나는 사람들이 나를 진지하게 이해해 줄 때 마음 한편으로는 그들의 그런 의도를 거부하고 싶어진다.

12. 다른 사람에게서 자비심을 받는 것은 약한 모습이다.

13. 다른 사람들이 나에게 친절하거나 자비로울 때 나는 사람들이 나를 통제하려 든다는 느낌을 받는다.

척도 3

– 자기자비불안(Fear of Compassion for Self)_15문항

1. 내가 스스로를 자비심을 가지면 거기에 의존하게 될까 봐 걱정된다.

2. 내가 내 자신에게 너무 많은 자비심을 느끼면 자기비판을 하지 않아 내 단점들이 드러날까 두렵다.

3. 내가 내 자신에게 자비심을 가지면 내가 원하지 않는 모습으로 변할까 봐 두렵다.

4. 내가 내 자신에게 좀 더 자비심을 가지면 내가 약한 사람이 될까 봐 두렵다.

5. 내가 내 자신에게 너무 많이 자비심을 느끼면 나쁜 일이 생길 것 같아 두렵다.

6. 내가 내 자신에게 더 친절해지고 자기비난을 덜 한다면 내가 생각하는 기준이 무너질까 봐 두렵다.

7. 내가 내 자신에게 너무 많이 자비심을 느끼면 다른 사람들이 나를 거부할까 봐 두렵다.

8. 나는 차라리 스스로에게 친절하고 자비심을 느낀다는게 어떤 것인지 모르는 편이 낫다.

9. 내가 스스로에게 자비심과 따뜻함을 가지려고 할 때 나는 그냥 공허감이 느껴진다.

10. 내가 스스로에게 친절함과 따뜻함을 가지려고 할 때 나는 그냥 공허감이 느껴진다.

11. 나는 한번도 내 자신에게 자비심을 가져본 적이 없고 그래서 어떻게 스스로 자비심을 갖는지 알지 못한다.

12. 나는 스스로에게 친절을 베풀거나 용서받을 가치가 없다고 느낀다.

13. 내자신에게 친절하고 관대하게 대한다고 생각하면 슬픔이 느껴진다.

14. 삶에서 성공하기 위해 자심을 갖기보다는 강해져야 한다.

15. 난 스스로에게 자비심을 갖는 것보다 스스로에게 비판적인게 더 쉽다.

....

각 하위 척도별로 문항들의 점수를 합산하여 총점을 계산
각 하위 척도의 총점이 높을수록 해당 영역에서의 자비에 대한 두려움이 높다는 것을 의미

나는 이제 조금씩 나 자신에게 연민을 갖는 법을 배워가고 있다. '알고 있는데 못 하는 것'은 실패가 아니라 인간성의 증거라는 것을. 누구보다 나 자신에게 가장 많은 이해가 필요하다는 것을.

이제 나는 죄책감을 느낄 때마다, 그것을 억누르지 않고 들여다본다. 그리고 그 감정이 어디서 왔는지 묻는다. 죄책감은 '잘하고 싶다'는 마음의 또 다른 표현이라는 것을 알게 되었기 때문이다.

♡ 마음을 살리는 10분 루틴

🧘 자기자비(Self-Compassion)

짧은 위로 문장으로 자기 비난을 멈추고, 감정을 공감적으로 수용해요.
"오늘 나도 힘들었구나." "그럴 수 있어, 충분히 그럴 수 있어."

📑 엄마 마음 리셋 노트

• 오늘 나를 비난하는 생각:

• 그 생각에 전환할 문장:"_____덕분에 나는 최선을 다했어."

• 오늘 나에게 해줄 위로의 말 한마디:

🗨 심리학자 엄마의 목소리

"예전에는 작은 실수에도 스스로를 엄격하게 비난하곤 했어요. '왜 또 이랬을까'라
는 자책이 마음을 짓눌렀죠. 하지만 어느 순간부터 내 실수에 따뜻한 언어로 다가
가 보기로 했어요. '괜찮아, 누구나 실수할 수 있어. 네가 최선을 다했다는 걸 알아'
라고 내 마음을 다정하게 어루만졌죠. 신기하게도, 그렇게 나를 이해해주기 시작하
자 마음의 무게가 조금씩 가벼워졌어요. 완벽하지 않아도 괜찮다는 자기 연민의 힘
을, 매일 조금씩 느끼고 있어요. 자신을 비난하는 대신, 공감과 이해의 언어로 다가
가 보세요. 그 순간, 당신의 마음에도 작은 숨통이 트일 거예요."

☆ 마음 챙김 노트

죄책감은 감정일 뿐, 우리 존재 전체를 설명하지 못합니다.

🖋 오늘, 내 마음에 건네는 질문

오늘, 엄마는 우리에게 어떤 자기자비의 말을 건네줄까요?

"

'좋은 엄마'
콤플렉스의 함정

"

"이 정도는 다들 해내는데 왜 나는 안 될까?"
그 질문은 당신을 어디로 데려갔나요?

'이 정도는 다들 해내는데 왜 나는 안 될까?' 이 질문은 매일 아침 나를 흔들었다. 특히 SNS에서 다른 엄마들의 웃는 얼굴, 단정한 집안, 잘 차려진 이유식을 볼 때면 나는 더 작아졌다.

나는 그런 '좋은 엄마'의 모습을 따라가려 애썼다. 그러나 갈수록 나 자신이 무너져 내리는 걸 느꼈다. 이유식 하나 제대로 만들지 못했다는 이유로 몇 시간을 자책하고, 가족들의 인사 한마디에 눈물을 쏟아내는 나 자신을 이해할 수 없었다.

그럴 때마다 '나는 부족한 엄마다', '나는 왜 이토록 나약할까' 하는 생각이 꼬리를 물었다. 사회가 요구하는 이상적인 엄마의 이미지를 내면에 새기고, 그 기준에 미치지 못할 때 죄책감과 자기비난에 시달리는 것이다.

완벽함을 추구하는 사람일수록 자기비난의 굴레에서 벗어나기 어렵다. 아이가 잠든 뒤에도 집안일을 멈추지 않았고, 잠시라도 나만의 시간을 갖고 싶다는 마음은 '내가 너무 자기중심적인 건 아닐까' 하는 죄책감으로 이어졌다. 쌓여가는 피로와 고독감에 숨이 막힐 듯했지만, '좋은 엄마'라는 기대에 맞추기 위해 내 감정의 소리를 애써 무시했다.

"
아이에게 필요한 것은 완벽한 돌봄이 아니라,
적절한 실수와 회복의 반복입니다.
"

– 셰팔리 차바리 –

어느 날, 아이가 울음을 멈추지 않았던 밤. 나는 불안과 초조 속에서 조급하게 움직였고, 다음 날 아침까지 그 상황을 머릿속에서 떠나보내지 못했다. 이것이 바로 사후 평가적 사고(post-event rumination, '왜 그랬을까'에 머무는 생각 돌림노래)였다. 사후 평가적 사고(post-event rumination)는 사회적 상황이나 특정 사건이

끝난 뒤, 그 경험을 반복적으로 떠올리며 자신의 행동, 말, 감정 등을 과도하게 분석하고 평가하는 인지적 과정이다. 주로 "내가 왜 그렇게 말했을까?", "실수하지는 않았나?", "상대가 나를 어떻게 생각했을까?"와 같은 생각이 반복적으로 떠오르며, 부정적 감정(수치심, 불안, 자기비난 등)과 연결되는 경우가 많다.

사후 평가적 사고(Post-Event Rumination) 의 특징

반복적이고 자기초점적인 사고
사회적 상황이 끝난 후, 자신의 행동이나 발언을 반복적으로 되새기고, 그 과정에서 부정적인 측면에 집착하게 됩니다.

사회불안과의 연관성
사후 평가적 사고는 사회불안(social anxiety)의 핵심 유지 요인으로, 사회불안이 높은 사람일수록 이러한 사고가 더 빈번하고 강하게 나타납니다.

자기효능감 저하 및 예기불안 증가
부정적 사후 평가적 사고가 많을수록 사회적 자기효능감은 낮아지고, 이후 유사한 상황에 대한 예기불안이 증가합니다.

완벽주의와의 관계
완벽주의적 자기제시 성향이 높을수록 사후 평가적 사고가 심해지고, 이는 발표불안·사회불안 등과도 관련이 깊습니다.

우울과의 차이
우울에서의 반추(rumination, 감정의 미로에 갇혀 계속 같은 생각만 맴돌기)는 주로 자신의 우울감, 원인, 결과에 집중하지만, 사후 평가적 사고는 사회적 상황에서의 자기 행동과 평가에 초점을 맞춥니다.

그 경험 이후 나는 위기 상황에서 나만의 대처 방식을 만들었다. '10초 숨 고르기 → 아이와 눈 맞추기 → 행동 하나 선택하기.' 이 간단한 방법은 비이성적인 감정 반응을 줄이고, 나 자신을 통제할 수 있다는 믿음을 회복하게 해주었다.

'좋은 엄마' 콤플렉스를 넘어서는 전환점은 이론은 현실을 완벽하게 설명하지 않는다는 깨달음이었다. 심리학은 방향을 제시하는 지도일 뿐, 삶의 모든 정답은 될 수 없었다.

내면화된 사회 규범 사례(SNS·미디어)

- **사례 A (인스타그램)**
"#슈퍼맘", "매일 아침 홈카페 브런치 준비", "A부터 Z까지 완벽하게 돌보는 엄마가 진짜 엄마"→ 이를 본 엄마들은 "나는 왜 식판에 예쁜 모양을 못 내지?", "우리 집도 이렇지 않아도 되나?"라며 자신을 압박하게 됩니다.

- **사례 B (온라인 카페 댓글)**
"우리 땐 애기 울면 빨리 달래야 했어. 지금 엄마들은 너무 애를 가르쳐 놓고 못 참는 것 같아." → '우리 땐 다 그랬다'는 비교는 여성들을 '내 아이를 잘 돌보지 못하는 이기적인 엄마'라고 낙인찍게 만듭니다.

- **사례 C (유튜브 육아 브이로그)**
"오늘도 아이가 밤 10시까지 안 자네… 그래도 해냈어요!"라는 강조형 문구가 반복되며, 실제로는 수면 부족·우울을 호소하는 댓글이 수백 개 달림 → 외형적으로는 '완벽한 육아'를 보여주나, 그 이면에는 무수한 스트레스와 고통이 감춰져 있습니다.

이 깨달음은 상담자로서의 나도 변화시켰다. 내담자의 고통 앞에서 '이론적 정답'보다 함께 머무르며 '가능성의 언어'를 사용하는 상담자로 나를 바꾸어 놓았다.

사후 평가적 사고 멈추기 연습문제

1. 최근 경험 떠올리기
- "마지막으로 '10초 숨 고르기' 방법을 사용하지 못했던 순간은 언제인가요?"

2. 자기반응 기록
- "지난 주 금요일, 아이가 울자마자 소리를 질렀다. 끝난 뒤에도 한 시간 동안 '내가 왜 소리질렀을까?'라는 생각이 머릿속을 떠나지 않았다."

3. 사후 평가 대신 대안 질문
- "다음번 비슷한 상황이 오면 무엇을 시도해 볼 것인가요?"
- "10초 심호흡 → 아이와 눈맞춤 → 차분하게 안아주기 순서로 행동해 보기."

4. 실천 후 피드백
- "월요일에 연습을 시도했는데, 숨 고르기에 집중하니 아이의 울음소리가 덜 거슬렸다. 소리 지를 뻔했지만 2초간 멈추는 연습이 효과가 있었다."

♡ 마음을 살리는 10분 루틴

📋 **사후 평가적 사고 멈추기**

위기 후 '왜 그랬을까?' 대신
'다음번엔 어떻게 할까?'라는 질문으로 시선을 전환해요.

작은 실천 구체화

☝ 10초 숨 고르기(호흡 명상)

코로 4초간 천천히 들이마시고,
6초간 내쉬는 복식호흡을 10초 동안 반복합니다.

✌ 1분 마음챙김 호흡

시계나 휴대폰 타이머를 1분으로 맞춘 뒤,
호흡에만 집중하며 잡념이 떠오르면
"지금 여기 호흡 중"이라고 마음속으로 되뇌기.

🤚 5분 스트레칭 루틴

① 어깨 돌리기(앞뒤로 10회)

② 목 돌리기(좌우로 천천히 5회씩)

③ 손목·발목 풀기(각 10회)

④ 허리 돌리기(양방향 각 5회)

📑 엄마 마음 리셋 노트

- 위기의 순간:
- 새로운 방법: 예) 10초 심호흡 → 눈 맞추기 → 행동 선택

- 오늘 나에게 가장 필요한 감정적 응원은?

💬 심리학자 엄마의 목소리

"예전에는 '좋은 엄마라면 이래야 한다'는 기준에 스스로를 가두고, 아이에게도 완벽을 기대했어요. 작은 실수에도 쉽게 조급해지고, 내 마음의 여유가 사라지곤 했죠. 하지만 어느 날, 내 기준을 조금 내려놓기로 했어요. '완벽하지 않아도 괜찮아. 지금 이 모습도 충분해'라고 스스로에게 말해주자, 아이를 바라보는 시선도 한결 부드러워졌어요. 아이가 실수할 때도, 있는 그대로의 모습을 이해하고 받아줄 수 있었죠. 이렇게 나 자신에게 너그러워지니, 아이와의 하루에도 따뜻한 여유가 찾아왔어요. 내 마음의 변화가 곧 우리 관계의 변화를 이끌어냈다는 걸 깨달았죠. 오늘은 내 기준을 잠시 내려놓고, 나와 아이 모두를 따뜻하게 바라봐 주세요. 그 순간, 관계에도 자연스러운 여유가 스며들 거예요."

☆ 마음 챙김 노트

이론은 지도일 뿐, 삶의 모든 정답은 아닙니다.

📖 오늘, 내 마음에 건네는 질문

지금 우리 삶에 맞는 '작은 시도'는 무엇일까요?

"

이론과 현실의 간극
그 너머

"

심리학 이론을 알고 있음에도
현실에서 무너졌던 순간이 있으신가요?
그때 당신은 자신을 어떻게 대했나요?

상담 수업에서 배운 '위기 개입 모델(Crisis Intervention Model)'
은 머릿속에 선명하게 남아 있었다.

위기는 갑작스럽고 위협적인 사건으로 인해, 기존의 대처 전략만으
로는 스트레스나 외상을 감당할 수 없어 심리적 균형이 무너진 상태
를 의미한다.

개인이 평소에는 잘 적응하던 사람이지만, 위기 상황에서는 일상적
기능이 일시적으로 붕괴될 수 있다.

위기 상황에서 인간은 부정, 분노, 타협, 우울, 수용의 단계를 거친
다고 했다. 그 도식은 명확했고, 이론은 아름다웠다. 하지만 현실은
달랐다.

칼 융(Carl Jung)의 주요 개념 및 적용 사례

그림자(Shadow) 개념

자신의 무의식적이고 억압된 '그림자'(자신이 인정하지 않는 부정적 측면)를 인식하고 통합해야 진정한 자기실현에 도달할 수 있다고 봤습니다.

- 사례: "엄마로서 '완벽해야 한다'는 욕구가 실패 경험을 만나면 내면의 그림자로 드러납니다. 아이가 울음을 멈추지 않을 때 '나는 왜 이렇게 못하나'라는 자책이 그림자의 현현입니다."

페르소나(Persona) 개념

페르소나는 사회의 기대, 규범, 역할에 적응하기 위해 개인이 의식적으로 또는 무의식적으로 만들어내는 심리적 가면입니다. 우리는 다양한 사회적 상황(가족, 직장, 친구 등)에서 여러 페르소나를 사용하며, 이로써 타인과 관계를 맺고 사회에 적응합니다. 페르소나는 실제 자신의 모든 모습이 아니라, 사회적 목적이나 타인의 기대에 맞추어 선택적으로 드러내는 모습입니다.

- 사례: "SNS나 동네 엄마 모임에서 '완벽한 엄마 페르소나'를 유지하려 애쓰는 동안, 실제 내면 감정(그림자)은 더 깊어졌습니다."

자기(Self) 개념

의식과 무의식을 모두 아우르는, 인간 존재 전체의 중심이자 통합된 본질을 의미합니다.

- 사례: "이론적으로는 '나는 충분히 좋은 엄마'라는 메시지를 알고 있었지만, 무의식 속 그림자와 페르소나가 충돌하면서 실제 자아(Self)를 직면하는 데 오랜 시간이 필요했습니다."

칼 융은 "내면을 바라보고, 무의식을 의식화하며, 자신의 그림자와 원형을 통합할 때 진정한 자기실현이 가능하다"는 메시지를 전합니다.

나는 하루에도 몇 번씩 이 단계를 오가며 감정의 롤러코스터를 탔다. 분노했다가 체념하고, 울다가 웃고, 겨우 안정을 찾았다 싶으면 다시 무너졌다. 이론은 정적이었고, 감정은 동적이었다.

머리는 이성의 지도를 따르려 했지만, 마음은 예측 불가능한 방향으로 흘러갔다. 위기 반응은 책 속처럼 순차적이지 않았고, 내 몸은 불안을 감지하면 아드레날린을 분비했고, 결정은 조급하고 비이성적으로 이루어졌다.

그 후에야 나는 그 반응들을 되짚었지만, 그것은 이미 지나간 밤의 사후 평가(post-event rumination)에 불과했다. 그리고 그 평가는 다시 불안과 죄책감, 자기비난의 사이클로 나를 밀어 넣었다.

"
마음의 어두운 그림자를 인정할 때,
우리는 비로소 온전해집니다.
"

- 칼 융 -

"
취약함을 받아들이는 것이 진정한 용기다.
우리는 자신이 가장 숨기고 싶은 부분을 인정할 때
비로소 온전해진다.
"

- 브레네 브라운 -

나는 질문했다. '이론이 틀린 걸까? 내가 틀린 걸까?' 그 질문에 대한 대답은 단순했다. '이론은 방향을 제시할 수 있지만, 정답은 아니다.' 나는 이제 이론을 '삶을 해석하는 틀'로만 보지 않는다. 그보다 더 중요한 것은, 이론을 '나를 덜 비난하게 만드는 언어'로 바꾸는 것이다. 이론은 설명이 되어야 하지, 판단의 근거가 되어선 안 된다. 이후 나는 내가 배운 심리학적 이론을 다시 생각해보았다. 같은 이론이었지만, 이번에는 달랐다. 나는 '왜 내가 이렇게 느끼는지'를 설명해 줄 단서를 찾았고, 그것이 나 자신에 대한 이해로 이어졌다.

실제 일상 속 위기 대응 방법(5단계)

1. 감정 인식(Recognition)
"지금 나는 ___을(를) 느끼고 있다."
→ "지금 나는 극심한 불안과 무력감을 느끼고 있다."

2. 감정 이름 붙이기(Labeling)
"이 감정을 '공허감'이라고 부르겠다."

3. 호흡(생리적 안정)(Physiological Regulation)
3번 깊은 복식호흡 → 10초간 정지 → 5초 동안 천천히 내쉬기

4. 행동 선택(Behavioral Response)
"아이가 울 때, 먼저 10초간 눈을 바라보고 미소 지어보기 → 천천히 안아주기"

5. 회복 대화(Recovery Dialogue)
자신에게: "아직 회복 중이지만, 충분히 잘해내고 있어."
아이에게: "조금 불편했구나, 그래도 금방 괜찮아질 거야."

'분노는 억눌린 필요의 표현이다.', '자기비난은 실제 실패보다 자기 기대와의 괴리에서 비롯된다.' 이런 문장들은 나를 다그치지 않고, 다정하게 바라보는 눈이 되어주었다.

이제 나는 더 이상 "왜 이론대로 행동하지 못했을까"라고 자책하지 않는다. 대신, "그 상황에서 나는 최선을 다했다"고 말하는 연습을 한다. 그 연습은 회복의 시작이었고, 나를 덜 비난하게 만드는 첫걸음이었다.

일상 속 자기자비 실천 팁

1. 출퇴근 길 (또는 외출 시) 간단 문장 스스로에게 말하기
"나도 사랑받을 자격이 있다.", "실수해도 내 가치는 변하지 않는다."

2. 설거지할 때 호흡 점검
따뜻한 물로 설거지하며 한 손에 설거지 스펀지를, 다른 한 손에 컵을 올려놓고, 호흡이 거칠어질 때마다 "편안해도 돼"라고 속으로 말하기.

3. 아이와 놀아줄 때 눈맞춤 + 짧은 칭찬
• 아이가 간단한 그림을 그릴 때, "정말 잘했어!"라고 미소 지으며 말해주기
→ 나 자신도 "나도 잘하고 있어"라고 속으로 되뇌기.

4. 휴대폰 잠금화면 문구 변경
• 제안 문구: "넌 충분히 잘하고 있어.", "이 순간 나도 괜찮아."

심리학은 나를 통제하기 위한 도구가 아니다. 그것은 나를 위로하고 회복시키는 또 다른 언어여야 한다. 나는 그 언어를 통해 비로소 나를 다시 받아들이는 법을 배우고 있다.

♡ 마음을 살리는 10분 루틴

👭 감정 대응 방법

감정을 인식 → 이름 붙이기 → 심호흡 → 표현하기 → 회복 대화
이 다섯 단계를 일상에서 연습해 보세요.

📑 엄마 마음 리셋 노트

- STEP 1: "지금 나는 _____ 을 느끼고 있어."
- STEP 2: "이 감정은 _____ 라고 부를게."
- STEP 3: "3번 심호흡"
- STEP 4: "엄마 지금 _____ 해."
- STEP 5: "미안해. _____ 할게."

🗨 심리학자 엄마의 목소리

"매일 반복되는 육아와 일상 속에서, 나는 점점 내 감정과 욕구를 잊고 살아갔어요. 어느 순간, 나 자신이 기계처럼 느껴질 때가 있었죠. 그러다 아주 작은 실천, 아침에 잠시 눈을 감고 내 호흡을 느끼는 짧은 명상이나, 거울 앞에서 '오늘도 잘하고 있어' 라고 스스로에게 말해주는 작은 루틴을 시작했어요. 처음엔 별 의미 없어 보였지만, 이 작은 행동이 내 마음에 조용한 변화를 가져왔어요. 내 감정을 있는 그대로 인정하고, 잠시라도 내 마음에 귀 기울이는 그 시간이 쌓이면서, 다시금 '나'라는 사람의 온기와 숨결을 느낄 수 있었어요. 완벽하지 않아도 괜찮다는 자기 연민의 태도, 그리고 내 마음을 따뜻하게 바라보는 연습이, 바쁜 일상 속에서도 나를 다시 인간답게 만들어주었죠. 아주 작은 실천 하나가, 당신의 하루와 마음에 새로운 숨결을 불어넣어 줄 수 있다는 걸요."

☆ 마음 챙김 노트

감정은 억누를 대상이 아니라, 나를 이해하는 언어입니다.

🪢 오늘, 내 마음에 건네는 질문

오늘 우리에게 필요한 '심리적 닻'은 무엇인가요?

2장

가족의 손길과

돌봄의 재발견

엄마 마음의 과학

① 부정적 감정은 억누를수록 심리적 부담을 키운다.
② 인지 재구성(프레임 전환)은 감정과 사건을 분리해 객관화하는 핵심 기술이다.
③ 자기 자비와 회복 탄력성은 반복 학습과 일상의 작은 성공 경험으로 강화된다.

"

도움받기,
그 작은 용기

"

'도와주세요'라는 말을
마지막으로 해본 게 언제인가요?
그 말을 꺼내기까지
얼마나 많은 망설임이 있었나요?

나에게 가장 어려운 말은 '도와주세요'였다. 어릴 때부터 늘 씩씩해야 한다고 생각했고, 심리학을 공부하면서는 더욱 '주는 사람'의 역할에 익숙해졌다. 하지만 출산 후 육아의 현실 앞에서 나는 혼자서 버틸 수 없었다.

새벽 두 시, 달래도 멈추지 않는 아이의 울음 앞에서 조용히 눈물을 흘리며 처음으로 전화를 걸었다. "잠깐만 아기 좀 봐줄 수 있을까요?" 이 말은 단지 육아의 도움을 구한 것이 아니라, 내 마음이 한계에 이르렀음을 인정하는 작은 용기였다. 도움을 요청하는 일은 약함이 아니라 인간다운 용기라는 것을 그때 깨달았다.

배우자에게

"오늘은 몸이 너무 지쳐서...
잠깐만 아기 맡아줄 수 있을까?"

"요즘 내가 많이 힘든데,
함께 아이 돌보는 방법을 잠깐만
이야기할 수 있을까?"

"출근 전에 분유 타놓고 가주민,
오전에 조금이라도
쉬는 시간이 생길 것 같아."

"내가 감정적으로 버티기
어려워졌어. 조금만 함께
이야기 들어줄래?"

"오늘 저녁엔 네가 아이를
씻겨주고, 나는 좀 혼자
조용히 있을게. 괜찮겠어?"

부모님에게

"엄마(아버지), 이번 주말에
아이 좀 잠깐 봐주시면 제 체력
회복에 큰 도움이 될 것 같아요."

"병원 진료 보러 가야 하는데,
아이와 함께 가주실 수
있을까요?"

"육아 정보가 너무 복잡해서 헷
갈려요. 잠깐 조언을 구하고
싶은데 시간 괜찮으신가요?"

"오늘은 저 혼자 시간을 갖고
싶은데, 아이랑 산책 좀 함께
해주실 수 있을까?"

"제 몸 상태가 좋지 않아서
오늘은 집안일을 못할 것 같아요.
식사 준비 도와주실 수 있나요?"

친구에게

"지난밤에 잠을 거의 못 잤어. 오늘 낮에 아이 잠든 사이에 잠깐만 대신 봐줄 수 있을까?"

"그동안 이야기 못 한 터라, 요즘 너무 힘들어. 잠깐 차 한잔 하면서 내 얘기 들어줄래?"

"육아용품을 함께 사러 가고 싶은데, 도와줄 수 있을까?"

"육아 정보가 너무 많아서 헷갈려. 네가 겪었던 경험 좀 알려줄 수 있어?"

"오늘 저녁에 잠깐 아기만 보는 것 도와주면, 나도 샤워하고 쉬는 시간을 가질 수 있을 것 같아."

지역 커뮤니티(맘 카페 등)에

"○○ 지역에 사시는 분, 혹시 육아 정보 공유 가능한가요? 요즘 산후 체력 회복이 너무 힘들어요."

"○○맘들 중 출산 후 운동 정보 아시는 분 계신가요? 함께 걷기 모임 있는지 궁금해요."

"○○맘 카페에 추천해 주실 산후우울 상담소 있나요? 도움 좀 부탁드려요."

"○○맘들끼리 아이 돌봄 바꿔가며 해보신 분 있나요? 경험 공유해 주시면 감사하겠습니다."

"○○맘 중에 아이 수면패턴 관련 팁 있으면 알려주세요. 우리 부부 잠 부족해요."

도움 전후 비교: 익명 인터뷰 사례

사례 A

도움 요청 전(2023년 5월 초)
• 거의 24시간 '아이 숨소리'만 듣는 듯한 긴장 상태.
• 밤새 아기가 울면 바로 뛰어나와 달래느라, 만성 수면부족에 시달림.
• "나만 이럴까?" 자책하며 스스로에게 죄책감을 느껴 더욱 위축됨.

도움 요청 후(2023년 5월 중순)
• 남편에게 "오늘만큼은 대신 아이 좀 봐달라" 요청 → 남편과 육아분담.
• 낮잠 1시간 누리기 → 짧은 명상과 휴식으로 정서적 안정 경험.
• 일주일 후, 산후 체력과 감정 기복이 눈에 띄게 완화됨.

- 36세, 첫째 아동, 직장 복귀 예정

사례 B

도움 요청 전(2023년 4월 말)
• 육아 스트레스로 인해 하루에 울음을 3번 이상 터뜨림.
• 엄마 · 이모 · 언니 등 친가 식구들에게조차 "혼자 할 수 있다"는 고집.
• 외로움과 열등감으로 인해 카페 활동도 자제, 마음이 완전히 잠김.

도움 요청 후(2023년 5월 초)
• 친정어머니에게 "잠깐만 내 대신 아기 돌봐달라"고 요청 → 심리적 지지.
• 산책을 함께 나가면서 오랜만에 친구들과 대화 시간 가짐 → 공감→ 위안.
• 아기 울음이 덜 불안하게 들리기 시작함. 감정 사전처럼 마음을 쓰기 시작.

- 31세, 둘째 아동, 전업주부

사례 C

도움 요청 전(2023년 5월 초)
• 사업 운영과 육아 병행 중, 수면 부족·중압감 심화.
• 가족에게 "나만 하면 돼"라는 강박으로 도움 요청 거절.
• 자주 두통 · 소화불량 증상 호소, 우울 지수 자가진단 14점 이상.

도움 요청 후(2023년 5월 말)
• 시어머니에게 "일이 있으니 아침·저녁으로 아기 봐달라" 요청 → 협업 체계 마련.
• 친구에게 "아이 좀 맡겨줄래?" 부탁 → 심리적 휴식.
• 한 달 후 우울 지수 8점으로 감소, 신체 증상도 뚜렷이 호전됨.

- 31세, 둘째 아동, 전업주부

"

도움을 구하는 것은 결코 약함의 표시가 아니다.
그것은 당신이 할 수 있는 가장 용기 있는 행동 중 하나다.

"

- 릴리 콜린스 -

심리학에서 말하는 사회적 지지(Social support, '나 여기 있어'라
고 말해주는 사람)는 정서적 지지, 도구적 지지, 정보적 지지, 평가
적 지지로 나뉜다. 특히 나에게 절실했던 건 '정서적 지지'였다.

사회적 지지 이론(Social Support Theory)

영적 지지(Spiritual Support)

정의: 종교 · 명상 · 심리워크숍 등 '내면의 힘'을 키워주는 심리-영적 자원.

예시: • 절 또는 성당 모임을 통해 같은 처지의 엄마와 기도회/명상 모임 참여

　　 • "나는 우주와 연결되어 있다" 같은 긍정적 확신을 가지는 기도나 명상 연습

효과: 삶의 의미감 회복, 고립감 감소, 심리적 회복 탄력성(RR) 증가

가치적 지지(Value Support)

정의: "당신의 존재 자체가 존중받는다"는 메시지를 주는 지지로,

　　 주로 가치관 · 정체성 강화에 도움이 된다.

예시: • 가족이 "너는 아이를 잘 돌보기 위해 애쓰는 훌륭한 엄마야"라는 말로 인정

　　 • 친구가 "너 자신을 먼저 사랑해야 해. 너도 소중한 사람이라는 걸 잊지 마"

　　　 라고 격려

효과: 자존감 강화, 자기사랑(self-love) 및 자기효능감(세부적 믿음) 상승

정서적 지지(Emotional Support)

기존 정의: 공감 · 위로 · 격려의 말 한마디로 '마음의 온기'를 전해주는 지지.

실천 팁: • "괜찮아, 넌 혼자가 아니야" 같은 간단한 위로 문장

　　　 • 산후우울증 관련 감정 공유 모임(지역 보건소나 온라인 커뮤니티) 참여

도구적 지지(Instrumental Support)

기존 정의: 물리적 도움을 제공하는 지지(육아 돌봄, 집안일, 병원 동행 등).

실천 팁: • 친구나 이웃에게 "저녁 식사 레시피 좀 공유해 주세요"

　　　 • 배우자에게 "오늘 아기 저녁 챙겨줄 수 있니?" 요청

정보적 지지(Informational Support)

기존 정의: 실제 육아 정보·노하우를 제공함으로써 문제 해결에 도움을 주는 지지.

실천 팁: • "○○맘 카페"나 "병원 주최 육아 교육 강연" 참석

　　　 • "아이 수면 패턴 관련 도서" 추천받기

가족들이 '오늘도 고생했어'라고 말하면 나는 그 말에 울컥했고, '이건 이렇게 해야 해'라고 말하면 위축되었다. 지지가 위로가 되기도 하고, 때론 부담이 되기도 했다. 그때 나는 지지에도 '방식'이 있다는 걸 알게 되었다. 조언보다 필요한 건 공감이었고, 해결보다 중요한 건 함께 있어주는 태도였다. 내가 어떤 지지를 원하는지 명확히 말해야 한다는 것도 깨달았다.

나는 연습하기 시작했다.

"오늘은 조금 쉬고 싶어요."
"아이를 씻겨주면 좋겠어요."

처음엔 어색했지만, 상대방의 "물론이지"라는 말이 나를 안심시켰다. 도움을 주고받는 과정에서 돌봄은 혼자 하는 일이 아니라 함께 하는 일이라는 것을 배웠다.

이 경험을 통해 나는 돌봄은 혼자 하는 일이 아니며, 함께 만들어가는 여정이라는 걸 다시 배웠다. 지지를 주고받는 과정은 단순한 역할 분담이 아니라, 관계를 재구성하는 일이었다.

사회적 지지의 4가지 유형

정서적 지지: "너무 힘들었겠다"는 공감
도구적 지지: 아기를 안아주는 실질적 도움
정보적 지지: 육아 정보 공유
평가적 지지: "잘하고 있어"라는 인정의 말

실천을 위한 도움 요청 연습

"오늘은 내가 좀 쉬고 싶어요."
"이 시간만큼은 아이를 봐줄 수 있을까요?"
"감정적으로 너무 힘들어요. 들어줄 수 있나요?"

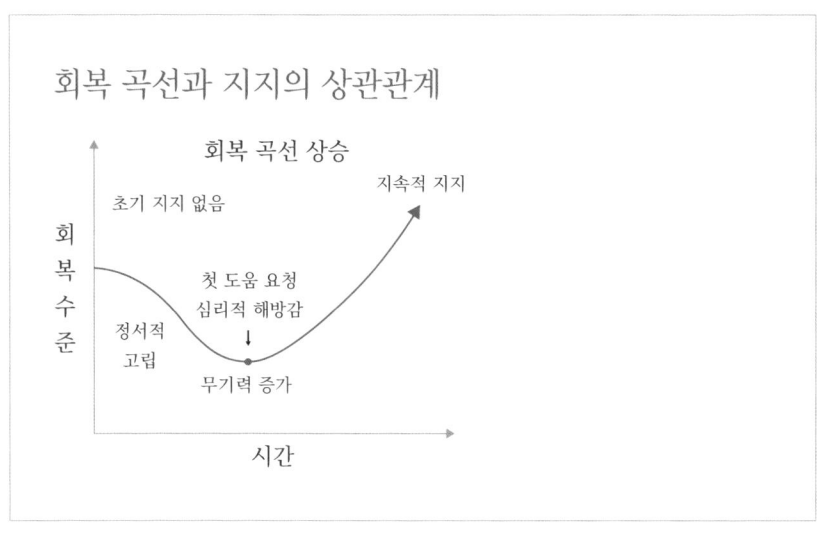

♡ 마음을 살리는 10분 루틴

🌐 사회적 지지 이론(Social Support Theory)

우리가 필요한 지지의 형태(정서적 · 도구적 · 정보적 · 평가적)를 구분하고,
의도에 맞게 요청해요.

📑 엄마 마음 리셋 노트

- 오늘 요청한 도움:
- 그때 느낀 감정:
- 다음엔 어떤 지지가 필요할까?:

💬 심리학자 엄마의 목소리

"늘 혼자서 모든 걸 감당해야 한다고 믿었어요. 힘들어도, 지쳐도, '엄마니까 견뎌야 한다'며 마음을 다잡았죠. 하지만 어느 날, 용기를 내어 가까운 이에게 내 어려움을 털어놓았어요. 그 순간, 내 마음의 무게가 조금 가벼워지는 걸 느꼈어요. 내 이야기를 들어주고, 공감해주는 누군가가 있다는 사실만으로도 큰 위로가 되었죠. 그제야 알게 되었어요. 완벽하지 않아도 괜찮다는 것, 그리고 나 혼자가 아니라는 것. 내 마음을 솔직하게 드러내고, 도움을 청하는 일이 결코 약함이 아니라는 걸요. 자기 연민과 공감의 힘이, 내 일상에 따뜻한 변화를 가져왔어요. 힘들 때는 주저하지 말고 도움을 청해보세요. 당신 곁에는 함께 걸어줄 누군가가 분명히 있다는 걸, 잊지 마세요."

☆ 마음 챙김 노트

도움을 요청하는 용기는, 함께 돌봄을 만드는 첫걸음입니다.

📖 오늘, 내 마음에 건네는 질문

오늘 나는 누구에게, 어떤 도움을 청할 용기를 낼 수 있을까요?

"

가족 지지의
빛과 그림자

"

가족의 도움,
감사한 동시에 벅찼던 적 있으신가요?
그 감정의 이면에는 어떤 갈등이 숨어 있었나요?

가족의 도움은 고맙지만 때로 벅찰 때도 있었다. 특히 육아 방식에 대한 의견 차이는 서로의 마음을 무겁게 만들었다. "우리 때는 다 이렇게 키웠어"라는 말이 내 불안을 무시하는 듯 느껴졌다. 가족 앞에서 '괜찮은 엄마'처럼 보이고 싶은 마음은 또 다른 피로를 낳았다. 가장 가까운 사람이 감정 노동의 대상이 되는 경험은 괴로웠다.

심리학에서 이런 상황을 '지지-갈등 이중효과'라고 부른다. 지지와 간섭은 종이 한 장 차이였다. 진심 없는 조언은 오히려 상처가 되었다. 결국 나는 갈등을 피하기 위해 "제가 할게요"를 반복했고, 겉으로 평화로운 대신 내면의 외로움은 깊어졌다. 내가 원하는 지지를 분명히 말하고, 그것을 받아들이는 연습이 필요함을 다시 깨달았다.

'지지-갈등 이중효과'(dual effects of support and conflict)는 한 인간관계 안에서 정서적 지지와 갈등이 동시에 존재하며, 각각이 독립적이고 상반된 심리적 영향을 미칠 수 있음을 의미합니다. 즉, 가까운 관계(가족, 친구, 배우자 등)에서는 한 사람이 나에게 힘이 되어주기도 하지만, 같은 사람이 스트레스와 긴장, 갈등의 원인이 될 수도 있다는 점에 주목합니다.

▶ 지지의 효과

정서적 지지(공감, 위로, 도움 등)는 심리적 안녕감과 회복탄력성을 높이고, 스트레스와 우울, 고립감을 완화하는 긍정적 효과를 가져옵니다.

▶ 갈등의 효과

반면, 갈등과 충돌(비난, 무시, 오해 등)은 스트레스와 피로, 우울, 신체적 건강 악화 등 부정적 영향을 미치며, 그 영향이 지지의 긍정적 효과보다 더 크고 오래 지속될 수 있다는 연구도 있습니다.

▶ 이중효과의 특징

한 관계에서 지지와 갈등이 동시에 존재할 수 있으며, 이 둘은 서로 상쇄되지 않고 각각 독립적으로 정서에 영향을 미칩니다. 예를 들어, 가족이 나를 도와줄 때는 위안을 느끼지만, 같은 가족과의 갈등은 별개로 스트레스와 불안을 유발할 수 있습니다.

▶ 관계의 양면성

특히 오랜 기간 가까운 관계일수록(예: 배우자, 부모-자녀) 지지와 갈등이 함께 존재하는 '양가적 관계(ambivalent relationship)'의 특성이 강해집니다. 이런 관계에서는 긍정적 상호작용과 부정적 상호작용이 모두 정서에 누적적(additive)으로 작용합니다.

'지지-갈등 이중효과' 사례

가족 구성원	지지 행위	갈등 요인	결과(감정)
배우자	가끔 아이 울음이 멈추지 않을 때 대신 달래준다.	"네 방식이 옳지 않다"며 육아 교육법을 강요하려 함	공감받는 듯하나, 내 방식 부정당함을 느낌
	집안일을 대신 해주겠다 제안	"집안일도 제대로 못하면서"라고 비난	도움은 감사하나, 자존감 상실
시부모	매일 점심 도시락을 방문 제공	아이 재우는 방식 (수면 교육 등)에 시각 차이 발생	물리적 도움 + 동시에 압박감 ("우리 때는…" 발언)
	"너무 나약한 거 아니니?" 라는 충고	내 자율적 육아 방식을 간섭(비판)	미안함과 죄책감, 관계 위축
친정 부모	주말마다 아이 봐주며 휴식 시간 확보	육아 정보를 자꾸 바꾸며 혼란 줄 때	안도감 + 정보 과부하로 인한 스트레스
	"네가 힘들 때 나에게 기대라"는 정서적 지지	아이 양육 방식은 존중하지만, 내 결정에 간섭은 자제	감정적 안정감 + 건강한 관계 재구성

지지-갈등 이중효과

진심 없는 조언은 오히려 상처가 된다.
지지와 간섭은 종이 한 장 차이.
'잘해보려는 마음'이 전달되기 위해서는 방식의 조율이 필요하다.

실천: 지지 조율 대화문 예시

"조언보다는 그냥 들어주시면 좋겠어요."

지지 조율을 위한 대화문

1. 배우자와의 대화

엄마: "여보, 오늘 아기 이유식을 처음 시도했는데, 잘 안 됐어요. 솔직히 조금 실패는 느낀 것 같아요."

배우자: "다 같이 잘 해보자. 내가 레시피 한번 보고 올게."

엄마: "고마워요. 조언보다는 지금은 '괜찮아, 이 또한 경험이야'라는 위로가 더 필요해요."

배우자: "응, 알았어. 너가 잘하고 있다는 거, 항상 기억해."

2. 시부모와의 대화

시어머니: "이렇게 키우면 애가 버릇없어질 텐데."

엄마: "어머니, 조언해주시는 마음은 감사하지만, 지금은 제 방식대로 시도해 보고 싶어요. 조언 대신 응원의 문장 하나만 해주시면 큰 힘이 될 것 같아요."

시어머니: "알겠어. 네 방법을 믿을게. 힘들면 언제든 말해줘."

3. 형제 · 자매(언니 · 동생)와의 대화

언니: "너는 심리학 전공이라 감정 조절 잘할 줄 알았는데…"

엄마: "맞아, 이론은 알고 있지만 실제는 달라. 오늘은 이론 대신 '수고했어, 너도 잘하고 있어'라는 말이 필요해."

언니: "그럼 마음 편하게 쉬어. 내가 오늘 아기랑 놀아줄게."

4. 친정 부모와의 대화

친정어머니: "요즘 밥도 잘 못 챙겨 먹는다며? 내가 밥이라도 해줄까?"

엄마: "엄마, 감사해요. 그런데 지금은 식사 도움보다, 그냥 제 얘기를 들어 주시면 위로가 될 것 같아요."

친정어머니: "그럼 지금 힘들었던 거 얘기해봐. 난 언제든 들어줄게."

사회지지이론에 따르면, 정서적 지지는 가장 강력한 회복 자원이다. 단순한 말 한마디, '오늘도 수고했어'라는 문장이 얼마나 큰 힘이 되는지를 나는 매일 실감했다.

반면, 무심코 던진 '다 그렇게 키우는 거야'라는 말은 나를 외롭게 만들었다. 가족의 지지는 단지 행위가 아니라, 관계 속에서 이루어지는 정서적 신호였다.

경계 설정(Boundary Setting) & 애착 유형

경계 설정(Boundary Setting)

정의: 개인이 타인과 관계를 맺을 때, 자신의 심리적·물리적 경계를 명확히 하는 과정.

유형: • 물리적 경계: "지금은 혼자만의 시간이 필요해, 10분만 기다려줘."
      • 정서적 경계: "지금 나에게는 위로가 필요해, 조언은 나중에 해줄래?"

효과: 타인의 감정 노동을 최소화하고, 자기효능감을 회복시키는 핵심 수단.

실천 팁: ① "아기가 울 때, 들어오기 전 '괜찮아? 조금만 기다려볼래?'라고 말하기"
      ② "육아 간섭을 받으면 '지금 집중하고 싶은 건 아이와의 눈 맞춤이예요'라고 응답하기"

애착 유형(Attachment Styles) 별 가족 지지 반응 차이

안정 애착(Secure Attachment)

특징: 스트레스 상황에서 신뢰할 수 있는 타인에게 도움을 요청함.

지지 반응: "네 감정 이해해. 나도 힘들 때 이렇게 요청했어."

불안-양가 애착(Anxious-Ambivalent Attachment)

특징: 지지 받기 전 "내가 너무 귀찮게 굴진 않을까?" 불안함

지지 반응: "언제든지 부탁해도 돼, 난 네 편이야."

회피 애착(Avoidant Attachment):

특징: 도움 요청 시 "내가 스스로 해결해야 한다"는 생각.

지지 반응: "도움이 필요할 땐 내가 옆에 있어줄게."

혼란 애착(Disorganized Attachment):

특징: 타인에게 지지를 받아도 "난 과연 자격이 있을까?"라는 혼란.

지지 반응: "너기 원하는 방식을 알려주면 그 방식으로 도울게."

실천 팁: 자신의 애착 유형을 이해한 뒤, 가족에게
　　　　"지금은 ＿＿＿ 애착 유형의 방식으로 위로를 받고 싶어"라고
　　　　알려주는 연습을 해보세요.

"

우리의 필요와 감정을 솔직하게 표현하고,
상대방의 진심을 공감할 때
비로소 진정한 연결과 지지가 이루어진다.

"

- 마샬 로젠버그 -

'도와준다'는 표현이 '지켜보고 있다'는 감각으로 바뀔 때, 나는 방어적으로 변했다. 그런 순간엔 오히려 도움을 거절하거나, 스스로 모든 일을 하겠다고 고립을 선택했다.

지지가 언제나 위로가 되지 않는다. 때로는 그 지지가 갈등을 유발하고, 부담으로 작용한다. 겉으로는 평화로웠지만, 내면은 점점 더 외로워졌다. 회피는 문제를 없애지 않았고, 감정을 더 눌러버렸다.

이 경험은 나에게 두 가지 중요한 통찰을 남겼다. 첫째, 내가 원하는 지지의 형태를 분명하게 말해야 한다는 것. 둘째, 지지를 받아들이는 연습도 필요하다는 것. 모든 지지가 완벽할 수는 없지만, 진심은 전해질 수 있다.

감정 반응 비교

가족 반응	나의 감정 반응	장기적 영향
"요즘 엄마들은 예민해"	자책, 방어	소통 단절
"오늘도 수고했어"	안도, 눈물	정서적 회복

♡ 마음을 살리는 10분 루틴

● 지지 조율(Support Tailoring)

내가 원하는 지지 유형과 방식을 명확히 표현하는 연습을 해요.
"지금은 위로가 필요해. 조언보다는 그냥 들어줘."

📑 엄마 마음 리셋 노트

• 가족이 준 지지/조언:

• 그때 느낀 감정:

• 이럴 땐 이렇게 말해볼래요: "지금은 _____이 필요해요."

💬 심리학자 엄마의 목소리

"가끔은 내 진짜 감정을 숨긴 채, 상대방의 눈치만 보며 대화를 이어갈 때가 있었어요. 마음속엔 서운함과 답답함이 쌓였지만, 솔직하게 털어놓지 못하고 결국 작은 오해가 큰 갈등으로 번지곤 했죠. 하지만 어느 순간, 내 마음을 조금 더 진심으로 전해보기로 했어요. '지금 나는 이런 감정을 느끼고 있어'라고 조심스럽게 말했을 때, 상대방도 내 마음을 이해하려고 노력해 줬어요. 그 순간, 갈등은 조금씩 사라지고, 서로를 이해하는 따뜻한 공간이 생겼죠. 완벽하지 않아도 괜찮다는 자기연민의 태도와, 칼 로저스가 말한 진정성 있는 소통의 힘이 이런 변화를 만들어주었어요. 다음에 마음이 답답할 때는, 한마디만 더 솔직하게 내 감정을 표현해 보세요. 그 용기가 갈등 대신 이해와 공감을 남길 거예요."

☆ 마음 챙김 노트

지지는 주는 사람도, 받는 사람도 함께 조율해야 완전해집니다.

🧘 오늘, 내 마음에 건네는 질문

우리 가족에게, 다음에는 어떤 방식의 지지를 요청해 볼까요?

"

자기 돌봄(Self-Care)의
심리학

"

쉬는 것이 죄책감처럼 느껴질 때,
당신은 어떻게 스스로를 다독이나요?
자기 돌봄은 당신의 삶에서
어떤 자리를 차지하고 있나요?

자기 돌봄(Self-care, '나도 챙겨야 해'라고 말할 수 있는 용기)은 단순한 휴식이 아니다. 그것은 '나도 소중한 존재'라는 인식에서 출발하는 적극적인 생존 전략이다. 출산 후 나는 내 욕구를 억눌렀다. 목욕이나 커피 한 잔도 사치 같았고 죄책감이 들었다. 하지만 결국 깨달았다. 내가 무너지면 가족도 무너진다는 것을. 자기 돌봄은 이기적인 것이 아니라 건강한 양육의 필수 조건이었다.

자기 결정 이론(Self-Determination Theory)

핵심 개념
인간의 동기부여와 웰빙은 '자율성(Autonomy)', '유능성(Competence)',
'연결감(Relatedness)' 세 가지 욕구가 충족될 때 극대화됨.

산후 상황 적용
• 자율성
엄마가 육아 방식(수유, 수면 교육 등)을 스스로 선택하고, 가족에게
"이 방식이 나에게 맞아요"라고 의사 표현하기.
• 유능성
작은 성공 경험("오늘 아이가 10분 이상 혼자 잘 잤다")을 기록하여,
스스로를 "나는 할 수 있다"는 신념으로 강화.
• 연결감
배우자 · 가족 · 친구와 감정 공유 및 도움 요청을 통해 공동체 의식을 느끼고,
고립감을 극복.

회복 탄력성(Resilience)

정의
스트레스 · 역경 상황에서 다시 원래 상태로 돌아가거나,
성장할 수 있는 심리적 능력.

주요 요인
• 긍정적 자기 대화
"나는 괜찮지 않아도 괜찮다" 같은 문장으로 내부 회복 촉진.
• 사회적 지지: 앞서 2-1, 2-2에서 확장한 지지 네트워크를 포함.
• 유연한 사고(Flexible Cognition)
예상치 못한 상황(아기 수면 패턴 변화 등)을 '기회'로 재해석하려는 태도.

"
자기 자신을 돌보는 것은 이기적인 것이 아니다.
그것은 당신의 웰빙을 위해 필수적이다.
"

– 브레네 브라운 –

심리학자 크리스틴 네프가 말하는 자기자비(Self-Compassion)의 세 가지 요소-자기 친절, 인간 보편성, 마음챙김-을 삶에 녹이려 노력했다. 아침에 따뜻한 차를 마시며 감정을 체크했고, 낮에는 산책하며 기분을 살폈다. 저녁엔 감사 일기를 쓰며 나를 위로했다. 이 짧은 돌봄이 자존감을 회복시키고 삶의 방향을 바꾸었다.

단계별 Self-Care 루틴

1. 하루 단위(매일 5분 실천)

아침 5분 감정 체크
- "오늘 내 감정은 어떤가?"를 노트에 5점 척도(0-5)로 기록.
- "오늘 필요한 작은 돌봄은 무엇인가?"를 간단히 메모.

점심 후 3분 마음챙김: 앞서 제시한 "점심 후 3분 명상" 실천.

저녁 5분 감사일기: 오늘 감사했던 일 3가지를 짧게 적고, "나는 잘해냈다"라는 문장 1회 스스로에게 말하기.

2. 주간 단위(주 1회 30분)

주말 산책 30분: 공원·한강변 등 자연 속에서 걷기. 걸으면서 들려오는 소리 (바람 소리, 새 소리 등)에만 집중.

주간 목표 점검
- "지난주에 시도했던 Self-Care 중 어떤 것이 가장 효과적이었나?"
- "이번 주에 새롭게 추가할 실천법은 무엇인가?"

사회적 Self-Care(모임 참여): 지역 보건소·맘 카페 주최 소모임 참석 (감정 공유·정보 교환).

3. 월간 단위(월 1회 최소 1~2시간)

온전한 휴식(스파/카페/친구 만남)
- 스파 예약하거나, 친구와 함께 느긋한 커피 타임 갖기.
- 이때는 휴대폰을 멀리 두고, 온전히 내 몸·마음 상태 관찰.

자기 정체성 점검
- "한 달 동안 내가 얼마나 잘 돌보았나?"를 되돌아보고, 성과를 노트에 기록.
- "다음 달에 채워야 할 나만의 시간 욕구는 무엇인가?" 질문하고 계획 설정.

크리스틴 네프의 자기자비(Self-Compassion) 척도

0점("전혀 그렇지 않다")부터 4점("매우 그렇다" 또는 "항상 그렇다")까지의 척도로 검사

1. 나는 내 자신의 결점과 부족한 부분을 못마땅하게 여기고 비난하는 편이다.

2. 나는 기분이 처질 때, 잘못된 모든 일을 강박적으로 떠올리며 집착하는 경향이 있다.

3. 나는 상황이 나에게 좋지 않게 돌아갈 때, 그러한 어려움은 누구나 겪을 수 있는 인생의 한 부분이라고 여긴다.

4. 나는 내 부족한 점을 생각하면, 스스로 세상과 단절되고 동떨어지는 기분이 든다.

5. 나는 감정적으로 힘들어질 때, 내 자신을 사랑하려고 애를 쓴다.

6. 나는 나에게 중요한 어떤 일에서 실패를 하면, 내 능력이 부족하다는 느낌에 사로잡힌다.

7. 나는 기분이 축 처지고 마음이 갈팡질팡할 때, 세상에는 나처럼 느끼는 사람들이 많다고 생각한다.

8. 나는 정말로 힘들 때는, 내 자신을 더욱 모질게 대하는 경향이 있다.

9. 나는 어떤 일 때문에 마음이 상할 때는, 감정의 평정을 유지하려고 노력한다.

10. 나는 나 자신에 대해 뭔가 부족하다는 느낌이 들면, 대부분의 다른 사람들도 그러한 부족감을 느낄 거라고 생각한다.

11. 나는 내 성격 중에서 마음에 들지 않는 점을 견디거나 참기 어렵다.

12. 나는 정말로 힘든 시기를 겪을 때, 내게 필요한 돌봄과 부드러움으로 나를 대하려고 한다.

13. 나는 기분이 처져 있을 때, 대부분의 다른 사람들은 나보다 더 행복할 거라고 느끼는 경향이 있다.

14. 나는 뭔가 고통스러운 일이 생기면, 그 상황에 대해 균형잡힌 시각을 가지려고 노력한다.

15. 나는 내가 겪은 실패들에 대해서 사람이라면 누구나 겪을 수 있는 일로 보려고 노력한다.

16. 나는 마음에 들지 않는 나 자신의 어떤 면들을 보면, 스스로를 비난하는 경향이 있다.

17. 나는 나에게 중요한 어떤 일에서 실패하면, 그 상황을 가급적 여러 가지 각도로 보려고 한다.

18. 내가 정말로 힘들게 애를 쓰고 있을 때는, 다른 사람들은 틀림없이 나보다 더 마음 편하게 보내고 있을 것 같은 느낌이 든다.

19. 나는 고통을 겪고 있을 때, 나 자신에게 친절하게 대하려고 한다.

20. 나는 어떤 일로 기분이 상할 때, 내 감성에 휩싸이는 경향이 있다.

21. 나는 고통을 겪을 때는 나 자신에게 약간 냉담하게 대하는 경향이 있다.

22. 나는 기분이 처질 때면 호기심과 열린 마음을 갖고 내 감정에 다가가려고 노력한다.

23. 나는 내 자신의 결점과 부족함에 대해 관대하다.

24. 나는 고통스러운 일이 생기면, 그 일을 크게 부풀려서(확대해서) 생각하는 경향이 있다.

25. 나는 중요한 어떤 일에서 실패하면, 나 혼자만 실패한 기분이 든다.

26. 내 성격 중에서 마음에 들지 않는 부분에 대해 이해하고 견디어내려고 한다.

척도의 총점이 높을수록 자기 자비 수준이 높다는 것을 의미

나는 샤워할 때, 식사할 때, 아이와 눈 맞춤을 할 때도 마음속으로 반복했다. '괜찮아, 지금도 잘하고 있어', '다들 이런 시간을 겪는 거야', '지금 이 순간에 집중하자.' 매일 밤 10분, 나만을 위한 시간이 생겼다. 향초, 따뜻한 물, 스트레칭, 감사일기. 짧지만 진심 어린 돌봄은 나의 자존감을 회복시키는 통로가 되었다.

'돌봄 생태계'라는 말을 나는 내 경험에서 끌어냈다. 나를 돌보는 수많은 존재들-가족, 친구, 이웃-그 연결이 나를 다시 살게 했다. 가족들과 아이 양육에 대한 각자의 자유시간을 정하고, 정기적으로 돌봄 피드백을 나누기 시작했다. 단순한 역할 분담이 아니라, 관계를 다시 정립하는 과정이었다.

돌봄 생태계의 심리학적 의미

관계적 존재로서의 인간

돌봄 생태계는 인간을 '관계적 존재'로 바라보며, 돌봄과 상호의존이 인간 심리와 사회의 본질임을 강조합니다.
돌봄을 둘러싼 사회적 지지, 상호작용, 정서적 교류는 개인의 심리적 건강과 사회적 회복탄력성을 높이는 핵심 자원입니다.

심리적 부담의 분산과 회복

돌봄 생태계가 잘 작동할 때, 돌봄 제공자의 심리적 부담(스트레스, 소진, 외로움 등)이 완화되고, 돌봄 받는 이의 삶의 질도 향상됩니다.
반대로 돌봄이 개인에게 집중될 경우, 정서적 소진과 사회적 고립, 우울, 자기효능감 저하 등 심리적 문제가 심화될 수 있습니다.

돌봄의 질과 심리적 웰빙

돌봄 노동의 질, 돌봄 제공자의 직무 스트레스 관리, 사회적 인정과 보상, 교육 및 상담 프로그램 등은 돌봄 생태계의 심리적 건강을 좌우하는 핵심 요인입니다.

자기 돌봄 실천 루틴

아침: 따뜻한 차 한 잔 + 오늘 감정 이름 붙이기
낮: 짧은 산책 + 감정 체크인 질문(지금 어떤 기분이지?)
밤: 감사일기 3줄 쓰기 + 나에게 하는 위로 한 마디

이론 연결: 자기결정성이론(Self-Determination Theory, SDT)

관계성: "나는 연결되어 있다"
자율성: "내 선택이 의미 있다"
유능성: "나는 잘 해내고 있다"

자기결정성 동기의 유형과 연속체

SDT는 동기를 자기결정성 수준에 따라 다음과 같이 구분합니다.

동기 유형	설명
무동기(Amotivation)	행동에 대한 의지나 목적이 없는 상태.
외재적 동기(Extrinsic Motivation)	외부 보상·압력에 의해 움직이는 동기. 4단계로 세분화됩니다.
외적 조절(External Regulation)	보상·처벌을 피하기 위한 순수한 외부 통제. (예: 월급을 위해 일함)
내사된 조절(Introjected Regulation)	자아가 외부 압력을 내면화한 상태. (예: 죄책감으로 운동)
확인된 조절(Identified Regulation)	행동의 가치를 인식해 스스로 선택. (예: 건강을 위해 식단 조절)
통합된 조절(Integrated Regulation)	행동이 자신의 정체성과 일치. (예: 가치관에 따라 윤리적 소비)
내재적 동기(Intrinsic Motivation)	흥미·호기심·즐거움에서 비롯된 순수한 자기결정적 동기. (예: 취미로 그림 그리기)

에드워드 데시(Edward Deci)와 리처드 라이언(Richard Ryan)의
자기결정성이론은 인간의 동기와 성장을 이해하기 위한 심리학 이
론으로, "자율성, 유능감, 관계성"이라는 세 가지 기본 심리적 욕구
충족이 개인의 내재적 동기와 웰빙을 결정한다고 설명한다.

나는 매일 감사일기를 쓰며, 나의 유능함을 되새겼다. 작은 성취, 감
정 표현, 따뜻한 말 한마디… 그것들이 모여 나를 돌보는 근거가 되
었다.

자기 돌봄은 거창한 변화가 아니다. 그것은 하루를 온전히 살아내기
위한 아주 작고 조용한 실천이다. 하지만 그 실천이 나를 회복시키
고, 삶의 방향을 바꾸었다.

♡ 마음을 살리는 10분 루틴

☺ Self-Compassion의 3요소
- 자기 친절: 비난 대신 다정한 언어로 자신과 대화하기
- 인간 보편성: '나만 그런 게 아니다'를 인식하기
- 마음챙김: 현재 감정을 판단 없이 관찰하기

📑 엄마 마음 리셋 노트

- 최근에 나를 돌본 순간:

- 그때 느낀 변화:

- 나만의 돌봄 리스트 3가지:

💬 심리학자 엄마의 목소리

"바쁜 일상 속에서 내 마음은 늘 긴장과 피로로 가득했어요. 그러다 어느 날, 아주 작은 루틴을 만들기로 했죠. 매일 아침 창문을 열고 깊게 숨을 들이쉬는 것, 혹은 잠들기 전 내 하루를 다정하게 돌아보는 짧은 시간. 처음엔 별것 아닌 것처럼 느껴졌지만, 이 작은 습관이 내 마음에 조용한 쉼표가 되어주었어요. 그 순간만큼은 나 자신에게 온전히 집중하며, '지금 이대로도 괜찮아'라고 다정하게 말해줄 수 있었죠. 아주 사소한 루틴이라도, 그 안에 당신만의 쉼표를 담아보세요. 그 작은 실천이 일상에 큰 변화를 가져올 거예요."

☆ 마음 챙김 노트

돌봄은 우리를 잇는 관계의 대화이며, 자기 돌봄은 그 시작점입니다.

🪑 오늘, 내 마음에 건네는 질문

오늘 나는 내 안의 어떤 목소리에 귀 기울여줄까요?

"

심리적 어려움의
사회적 맥락

"

당신이 산후우울이나 육아 스트레스로 힘들었을 때,
주변 사람들은 어떤 반응을 보였나요?
그 순간 당신의 마음속에는 어떤 질문들이 맴돌았나요?

출산 이후, 세상은 아기 중심으로 돌아갔다. "엄마니까 당연하지",
"애는 엄마가 키우는 거야"라는 말들은 일상처럼 들렸지만, 그 안에
는 무언의 강요가 숨어 있었다. 나는 점점 투명한 존재가 되어갔고,
나의 욕구와 감정은 뒷전이 되었다.

육아는 사랑만으로 감당할 수 있는 일이 아니었다. 수면 부족, 반복
되는 일상, 끊임없는 책임감은 내 몸과 마음을 동시에 소진시켰다.
무너지기 직전이 되어서야 비로소 깨달았다. 내가 아픈 건 개인의
의지 부족이 아니라, 함께 나눌 사람이 없었기 때문이라는 걸.

"심리적 고통은 사회적 맥락에서 비롯된다."

이 말은 단지 이론이 아니라, 나의 삶에서 실감된 진실이었다. 출산 후 경험한 심리적 고통은 단순히 호르몬 변화나 수면 부족 때문만은 아니었다. 무엇보다 나를 무겁게 짓눌렀던 것은 '사회적 단절'과 '돌봄의 개인화'였다.

핵가족화된 구조에서 육아는 온전히 개인, 특히 '엄마'에게 맡겨졌고, 그 무게는 감정의 언어조차 허락하지 않았다. 사회의 인식은 여전히 '육아는 여성의 몫'이라는 통념에 머물러 있었고, 그 안에서 엄마는 점점 투명한 존재가 되어갔다.

브론펜브레너(Bronfenbrenner)의 생태학적 체계 이론은 개인의 심리적 상태가 가족, 지역사회, 정책 등 다양한 환경의 상호작용에 따라 형성된다고 본다. 이 이론처럼, 나의 불안과 무력감은 나 혼자만의 문제가 아니었다.

젠더 심리학은 '이상적인 엄마상'이 여성에게 주는 심리적 압박을 지적한다. 아이를 향한 사랑과 헌신은 본능이라는 통념은, 오히려 '힘들다'는 감정 표현마저 미성숙으로 몰아간다. 그런 감정은 억압될수록 자기비난으로 바뀌고, 다시 고립감으로 이어진다. 게다가 현실적인 조건들 - 경력 단절, 복직의 어려움, 부족한 사회적 지원은 엄마들의 심리적 회복을 더욱 가로막는다. 한국은 여전히 육아휴직률이나 공공보육 인프라 면에서 낮은 수치를 기록하고 있다. 일부 기관을 제외하면,'혼자 육아하는 엄마들'이 많고, 그만큼 사회적 지지가 절실한 실정이다.

심리학에서 회복은 단지 마음속의 일이 아니라, 관계를 회복하는 데서 시작된다고. 누군가 "당신 잘못이 아니에요", "저도 그랬어요"라고 말해줄 때, 우리는 비로소 연결되어 있다는 느낌을 받는다. 그때서야 울음을 터뜨릴 수 있고, 감정을 말할 수 있다. 그래서 말하고 싶다. 당신이 느끼는 우울과 불안은 당신만의 잘못이 아니다. 그것은 우리 사회가 함께 풀어야 할 과제다.

지금의 고통 속에서도 버티고 있는 당신은,

이미 충분히 잘하고 있다.

이 문장이, 당신의 마음에 작은 위로로 닿기를 바란다.

♡ 마음을 살리는 10분 루틴

🏃 사회적 맥락 재구성

자신의 경험을 단순한 '개인 문제'로 보지 않고,
사회 구조와 연결 지어 바라보세요.

1. 스스로에게 묻기
"이 고통은 정말 내 안의 문제인가,
아니면 내 주변 환경과 사회 시스템이 만든 문제인가?"

2. 시야를 넓혀 보기
내 감정'과 '사회 구조'를 동시에 점검하며,
나 자신만의 책임으로만 두지 않도록 연습합니다.

3. 작은 연결 시도
지역 부모 모임, 온라인 커뮤니티,
공공 심리 지원 창구 등을 찾아보고 참여해 보세요.

📖 엄마 마음 리셋 노트

- 내 심리적 어려움의 원인은 무엇인가?
  - ☐ 개인적 성향
  - ☐ 가족 · 이웃의 지원 부족
  - ☐ 사회적 규범 및 제도적 한계

- 함께 변화를 만들기 위한 실천 과제는 무엇인가?
  - ☐ 지역 부모 모임 참여하기
  - ☐ 지방 정치인에게 육아 지원 정책 건의하기
  - ☐ 온라인 커뮤니티에서 정보와 감정 나누기

💬 심리학자 엄마의 목소리

"오랫동안 내 부족함과 약함을 탓하며 스스로를 몰아붙였어요. '내가 더 강했어야 했는데'라는 생각이 마음을 무겁게 했죠. 하지만 문제의 원인이 나 개인의 약함이 아니라, 내가 속한 환경과 시스템의 한계임을 깨닫게 되었어요. 이 깨달음은 내 마음에 큰 위로가 되었고, 스스로를 더 이상 가혹하게 평가하지 않게 해주었죠. 자신을 탓하기보다, 환경과 상황을 이해하는 시선을 가져보세요. 그 순간, 마음이 한결 가벼워지고 새로운 힘이 생길 거예요."

☆ 마음 챙김 노트

심리적 어려움은 개인의 약함이 아니라, 사회적 고립과 구조의 문제입니다.

🖋 오늘, 내 마음에 건네는 질문

"오늘 나는 어떤 작은 행동으로 사회적 연결을 회복할 수 있을까요?"

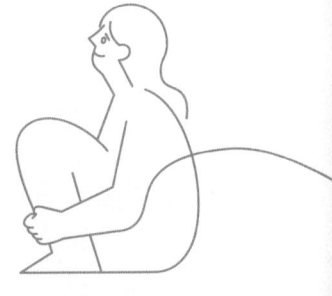

"

연대와 지지,
그 힘

"

당신이 "도움이 필요해요"라고 말했을 때,
누군가 곁에서 귀 기울여 준 경험이 있나요?
혹은 아무에게도 말 못하고
눈물만 삼켰던 날은 없었나요?

처음 지역 육아 커뮤니티에 가입한 건 단지 정보를 얻기 위해서였다. 그런데 어느 날 본 문장 하나가 내 마음을 흔들었다. "밤새 아이를 안고 있었어요. 너무 힘들었어요." 그 순간 '나만 그런 게 아니었구나' 하는 안도감과 위로를 느꼈다.

혼자 육아를 하던 시간은 감옥 같았다. 그러다 우연히 동네 도서관 엄마 모임에서 처음으로 입을 열었다. "저도 그랬어요." 그 한마디가 내 감정을 정당화했고, 다른 엄마의 고백은 나에게 큰 위로가 되었다. 온라인 커뮤니티에서도 감정을 털어놓자 수많은 공감의 댓글이 달렸다. 그 지지는 단순한 '위로의 말'이 아니라 존재의 확인이었다. "너 잘하고 있어.", "그 마음, 나도 알아.", "함께 해줄게."이 짧은 문장들이 나를 다시 일으켜 세웠다.

집단 경험 치유의 핵심 원리와 효과

1. 보편성의 경험

집단에서 자신의 고통이나 고민을 나누면, "나만 이런 문제가 있는 게 아니구나"라는 안도감과 위안을 얻습니다. 이는 고립감과 수치심을 크게 줄여줍니다.

2. 상호지지와 공감

집단원들은 서로의 이야기를 듣고 공감하며, 지지와 위로, 격려를 주고받습니다. 이 과정에서 정서적 고립이 완화되고, 소속감과 자기존중감이 회복됩니다.

3. 자기노출과 용기

자신의 감정과 경험을 솔직하게 드러내는 '자기노출'은 집단 안에서 용기와 신뢰를 증진시키고, 타인에게 수용되는 경험을 통해 자기수용과 치유가 촉진됩니다.

4. 다양한 관점과 학습

집단원 각자가 서로 다른 배경과 해결 전략을 공유함으로써, 새로운 문제해결 방식과 감정 조절법을 배울 수 있습니다. 이는 자기이해와 성장에 직접적으로 기여합니다.

5. 실질적 행동 변화와 사회성 회복

집단 내 상호작용을 통해 의사소통, 경청, 자기주장 등 사회적 기술이 자연스럽게 훈련되며, 실제 삶에서의 대인관계 개선으로 이어집니다.

고립감과 낙인 해소
집단에서의 공유와 지지는 사회적 고립과 낙인을 줄이고, 심리적 회복탄력성을 높입니다.

정서적 해방과 자기효능감 증진
감정 표현과 피드백, 상호지지는 자기효능감과 자아존중감을 높입니다.

공동체적 회복
특히 트라우마, 상실, 우울 등에서 집단 치유는 개인을 넘어 가족 · 지역 사회 전체의 회복력을 강화합니다.

"집단 경험 치유는 '나만 힘든 게 아니다'라는 보편성, 상호지지와 공감, 새로운 시각과 자기성장의 기회를 제공하며, 정서적 고립을 해소하고 심리적 회복의 길을 여는 강력한 심리치료적 접근입니다."

심리학에서는 이러한 경험을 '집단 경험 치유(group catharsis)'라 부른다. 집단 경험 치유는 심리치료에서 개인이 아닌 여러 사람이 함께 모여 상호작용을 통해 정서적, 심리적 회복을 도모하는 접근이 다. 집단치료, 집단상담, 집단미술치료, 사이코드라마, 경험학습 집 단 등 다양한 형태로 실천되며, 개인상담과는 다른 고유의 치유적 효과가 입증되어 있다.

감정이 이해되고, 공감되고, 나눠질 때, 개인의 회복은 더 빠르고 깊 게 일어난다. 특히 '동일한 정체성 집단' 내에서의 지지는 어떤 조언 보다 더 강력한 위안이 된다.

어빙 얄롬(Irvin Yalom)은 집단 치료의 핵심 효과 중 하나로 '보편성 의 인식(universality)'을 강조했다.

"나만 그런 게 아니야.", "이 고통은 모두가 겪는 것이야." 이 감각은 고립된 정서를 해방시키는 강력한 회복 요인이 된다.

또한 심리학적 다양한 연구에 따르면, 지지(social support)가 주어질 때 자기효능감(self-efficacy)과 회복탄력성(resilience)이 높아진다. 지지를 통해 "실패해도 다시 일어설 수 있다."는 확신을 얻게 되고, 이는 지속적인 심리적 건강에 중요한 역할을 한다.

내가 참여한 엄마 모임에서는 함께 산책을 하고, 책을 읽고, 감정 표현 워크숍을 열었다. 때로는 밥 한 끼를 나누는 일상 속에서 나는 '엄마'라는 역할 이전에 '나'라는 사람으로 회복되었다. 우리는 서로의 거울이자 버팀목이었다. 고립은 엄마를 병들게 하지만, 연대는 엄마를 살린다. '돌봄을 나누는 문화'가 곧 회복의 문화다. 이제 나는 명확히 안다. 혼자가 아니라는 사실만으로도 우리는 더 큰 힘을 얻을 수 있다는 것을.

얄롬의 11가지 치료적 요인

1. 희망의 고취(Instillation of Hope)
- 집단 내에서 변화와 회복의 가능성을 보고, 서로에게 희망을 심어줍니다.

2. 보편성(Universality)
- "나만 힘든 게 아니구나"라는 인식을 통해 고립감과 수치심이 완화됩니다.

3. 정보전달(Imparting Information)
- 집단 내에서 지식, 조언, 경험을 공유함으로써 문제 해결에 도움이 됩니다.

4. 이타심(Altruism)
- 서로를 돕고 지지하면서 자기효능감과 자존감이 높아집니다.

5. 초기 가족 집단의 교정적 재현(Corrective Recapitulation of the Primary Family Group)

- 집단이 가족과 유사한 관계망을 형성, 과거 가족 내 상처와 갈등을 새로운 방식으로 경험하고 치유할 기회를 제공합니다.

6. 사회화 기술의 발달(Development of Socializing Techniques)

- 집단 내 상호작용을 통해 대인관계 기술(경청, 자기표현, 갈등해결 등)이 향상됩니다.

7. 모방학습(Imitative Behavior)

- 집단원이나 치료자의 행동을 관찰하고 모방함으로써 새로운 행동양식을 습득합니다.

8. 대인관계 학습(Interpersonal Learning)

- 집단 내 피드백과 상호작용을 통해 자기이해와 대인관계 능력이 증진됩니다.

9. 집단응집력(Group Cohesiveness)

- 집단 내 소속감, 수용, 유대감이 심리적 안전과 변화의 동기가 됩니다.

10. 감정정화(Catharsis)

- 억압된 감정(슬픔, 분노, 두려움 등)을 안전하게 표현하고 해소할 수 있습니다.

11. 실존적 요인(Existential Factors)

- 삶의 의미, 한계, 책임 등 인간 존재의 본질적 문제를 집단에서 함께 성찰하고 받아들입니다.

....

"집단이라는 안전한 공간에서 상호작용과 지지를 통해 개인의 심리적 성장과 회복을 돕는 핵심입니다"

♡ 마음을 살리는 10분 루틴

👪 집단 치유 프로세스: 공동체 속에서 경험과 감정을 나눠요.

1. 안전한 공간 찾기
지역 육아 커뮤니티, 온라인 모임, 도서관 등
부담 없이 참여할 수 있는 모임을 탐색합니다.

2. 감정 공유하기
자신의 경험을 솔직하게 나눠 보세요.
"나도 힘들었어요"라는 한마디가 공감을 이끌어냅니다.

3. 서로의 피드백 듣기
다른 엄마들의 이야기를 경청하며,
"나만 그런 게 아니었구나"라는 인식을 강화시킵니다.

4. 함께 활동하기
산책, 독서, 감정 표현 워크숍 등을 함께하며, 일상 속에서 지지감을 체험합니다.

5. 지지를 지속하기
정기 모임에 참여하거나 온라인 커뮤니티에 지속적으로 글을 올려,
연결감을 유지합니다.

🔍 엄마 마음 리셋 노트

• 함께 나눈 경험과 느낀 위로:

• 나도 나눌 수 있는 나만의 이야기:

👥 커뮤니티에서 만난 엄마들의 이야기

"온라인 모임에서 '나도 그랬다'는 댓글을 읽고, 처음으로 울었어요. 나만 이상한 게 아니라는 걸 알게 되니까, 조금씩 마음이 풀리더라고요."

— 32세, 초보 엄마

"친정엄마한테 '요즘 너무 힘들다'고 털어놨더니, '나도 그랬다'고 하시더라고요. 그 한마디에 위로가 됐어요. 엄마들도 다 지나온 길이라는 걸, 이제야 알겠어요."

— 40세, 워킹맘

👤💬 심리학자 엄마의 목소리

"처음에는 내 힘든 마음을 혼자 감추고 견디려 했어요. 하지만 용기를 내어 내 감정과 생각을 가까운 사람들과 나누기 시작했을 때, 마음의 짐이 조금씩 가벼워지는 걸 느꼈어요. 서로의 경험을 솔직하게 나누며, '나만 그런 게 아니구나'라는 위로와 공감을 얻었죠. 마음을 나누는 순간, 우리는 혼자가 아니란 걸 알게 되고, 함께 더 건강해질 수 있다는 걸 잊지 마세요."

☆ 마음 챙김 노트

고립은 엄마를 병들게 하지만, 연대는 회복시킵니다.

📖 오늘, 내 마음에 건네는 질문

"오늘 나는 어떤 경험을 함께 나눌 수 있을까요?"

3장

회복의 여정

: 심리학자의
자기돌봄 실험

① 사회적 지지(가족·친구·공동체)는 산후우울 회복 속도를 높인다.

② 지지가 '통제'나 '간섭'으로 변질될 경우 회복에 방해가 된다.

③ 도움을 요청하는 것은 약함이 아니라 회복을 위한 전략적 선택이다.

"

불안과 눈물,
자기 비난 다루기

"

아이가 우는 순간,
당신의 가장 먼저 드는 감정은 무엇인가요?
그 감정은 당신에게 어떤 말을 속삭이나요?

"오늘도 잘 참았어."
"왜 이렇게 사소한 일에도 눈물이 나는 걸까."
"나는 왜 이렇게 못났을까."

엄마가 된 이후, 나는 매일 이런 생각을 반복했다. 불안은 어김없이 찾아왔고, 눈물은 사소한 계기로도 터졌다. 육아라는 세계는 나를 매 순간 시험하는 공간 같았다. 아무리 심리학을 공부한 나라도, 감정은 마음대로 통제되지 않았다. 아기가 울면 같이 울고 싶었고, 아무도 없는 집 안에서 무기력하게 바닥에 주저앉은 적도 많았다.

불안은 단일한 감정이 아니다. 그것은 죄책감, 수치심, 분노, 무력감 등 다양한 감정의 뒤섞임이다. 예기치 못한 상황에서 "이 상황을 내가 감당할 수 있을까?" 라는 의문이 떠오를 때, 불안은 시작된다. 특히 육아의 불확실성은 그 불안을 극대화한다. 아이의 고열, 예기치 않은 울음, 먹지 않으려는 식사 이 모든 것이 내 마음을 조급하게 만들었다. 심리학에서 불안은 '미래의 위협에 대한 반응'으로 정의된다. 하지만 육아 속에서의 불안은 현재와 미래, 그리고 과거까지 모두 얽혀 있다. 오늘의 실수가 내일의 문제로 이어질까 두렵고, 어제의 실수는 오늘의 자책이 된다. 이러한 불안은 곧 자기 비난으로 이어진다.

자기 비난의 함정은 종종 스스로를 비난했다. 아이에게 짜증을 냈을 때, "나는 자격이 없어." 라는 생각이 자동으로 떠올랐다. 이런 생각은 감정을 더 무겁게 만들었다. 자기 비난은 정서적 고립감을 키우고, 회복력을 약화시킨다. 내가 나를 믿지 못하는 순간, 세상 누구도 나를 위로할 수 없다.

불안과 자기비난의 악순환 도식

개선 루틴 제안

감정 체크인 → 감정 명명 → 자기이해 → 감정 정리 글쓰기
예: "나는 지금 지쳐 있고, 무기력해. 나에게는 지금 위로가 필요해."

💡 Tip 자기비난 대신 자기진술

"나는 너무 약해." → "나는 지금 충분히 지쳤어. 휴식이 필요해."

불안은 내 일상에 늘 그림자처럼 따라다녔다. 나는 저녁마다 스스로에게 조용히 속삭였다.

"오늘 하루, 불안 속에서도 잘 버텼어. 완벽하지 않아도 괜찮아."

이런 작은 위로가 불안을 완전히 없애주진 않았지만, 적어도 그 감정에 휩쓸리지 않고 한 걸음 떨어져 바라볼 수 있게 해주었다. 불안은 사라지지 않지만, 그 감정에 휘둘리지 않고 나 자신을 다정하게 바라보는 연습을 통해, 나는 엄마라는 역할을 넘어 한 개인으로서의 나를 조금씩 회복해갔다. 감정이 요동치는 날에도, 불안에 잠식되지 않고 내 마음을 살필 수 있다는 사실이 나를 지탱해 주었다. 불안은 나약함의 증거가 아니다. 그것은 변화 속에서 나를 지키려는 마음의 경고음이다. 자기 비난은 멈출 수 없지만, 방향을 바꿀 수 있다. 불안을 회피하지 않고, 자기 비난을 관찰하며, 내 마음을 살피는 순간부터 회복은 시작된다. "나는 오늘도, 내 감정과 함께 살아낸 사람이다."

♡ 마음을 살리는 10분 루틴

🌸 감정 기록 → 패턴 인식 → 마음의 거리두기
- 감정을 억누르지 말고 기록하기
- 반복되는 감정의 상황과 사고 패턴 관찰하기
- 마음챙김을 통해 감정과 나 사이에 공간 만들기

📑 엄마 마음 리셋 노트

- 오늘 느낀 감정:

- 그 감정이 시작된 계기:

- 나를 비난했던 생각:

- 그 순간, 나에게 필요한 말:

144

🗨 심리학자 엄마의 목소리

"예전에는 불안이 찾아올 때마다 그 감정을 부정하거나, 내 약함 때문이라고 생각하며 스스로를 탓하곤 했어요. 불안 역시 내 삶의 자연스러운 일부임을 받아들이게 되었죠. 불안은 누구에게나 찾아올 수 있는 감정이고, 나 자신이 성장하고 있다는 신호일 수도 있다는 걸 알게 되었어요. 이제는 불안을 느낄 때마다 '이 감정도 내 일부이고, 충분히 이해받아야 해'라고 다정하게 내 마음을 바라봅니다. 완벽하지 않아도 괜찮다는 자기연민의 태도, 그리고 감정에 대한 따뜻한 수용이 내 일상에 작은 위로와 여유를 가져다주었어요. 불안을 느낄 때마다 자신을 탓하기보다, 그 감정을 있는 그대로 인정해 주고, 충분히 이해받아야 할 소중한 마음임을 기억해 주세요."

☆ 마음 챙김 노트

돌봄은 우리를 잇는 관계의 대화이며, 자기 돌봄은 그 시작점입니다.

🖾 오늘, 내 마음에 건네는 질문

"오늘 나는 내 안의 어떤 목소리에 귀 기울여줄까요?"

"

감정 기록이 주는
통찰

"

오늘,
당신의 마음은 어떤 색으로 물들었나요?
그 감정은 하루 중 어느 순간 가장 짙게 다가왔나요?

심리학자로서도, 엄마로서도 가장 많은 질문을 던지게 된 시기는 아이가 태어난 이후였다. 임신과 출산을 지나 육아로 이어지는 삶의 전환은, 나의 내면에 있던 수많은 감정들을 표면 위로 끌어올렸다. 그리고 그 감정들은 종종 말로 설명하기 어려운, 복합적이고 뒤엉킨 상태로 나를 휘감았다.

"
우리가 어떤 느낌을 느낄 때,
적절한 행동은 그것을 받아들이고, 피하거나 억누르지 않는 것이다.
우리의 감정은 숨어있지 않고, 경청되어야 한다.
"

- 칼 로저스 -

이전에는 '느낌'보다 '이론'을 먼저 떠올렸다. 감정에는 이유가 있고, 원인이 있으며, 그것을 분석하면 통제 가능하다고 믿었다. 하지만 육아는 모든 이론을 무력화시키는 사건이었다. 감정은 분석의 대상이 아니라, '경험'의 대상이었다. 특히 아이가 울음을 터뜨리고, 밤마다 잠에서 깨는 반복 속에서 나는 그날의 감정을 되짚을 여유도 없이 다음 하루를 맞이하곤 했다. 그 변화의 시점에 '감정 기록'이라는 도구가 생겼다. 처음에는 그저 한 줄 일기였다.

"오늘은 자꾸 짜증이 났다.", "왜 이렇게 우울할까."
그 한 줄이 매일 쌓이자, 나는 나의 감정 패턴이 보이기 시작했다. 매달, 매주 반복되는 정서의 흐름. 그날의 컨디션, 아이의 상태가 어떻게 나의 감정을 바꾸었는지, 조금씩 드러났다. 그리고 감정 기록은 단순한 '기록'이 아니라, 나를 있는 그대로 바라보는 훈련이 되었다. 이전에는 '느낌'보다 '이론'을 먼저 떠올렸다.
감정에는 이유가 있고, 원인이 있으며, 그것을 분석하면 통제 가능하다고 믿었다. 하지만 육아는 모든 이론을 무력화시키는 사건이었다. 감정은 분석의 대상이 아니라, '경험'의 대상이었다. 특히 아이가 울음을 터뜨리고, 밤마다 잠에서 깨는 반복 속에서 나는 그날의 감정을 되짚을 여유도 없이 다음 하루를 맞이하곤 했다.
그 변화의 시점에 '감정 기록'이라는 도구가 생겼다. 처음에는 그저 한 줄 일기였다.

감정 일기 실천법

매일 5분, 감정 기술 + 감정 원인 탐색 + 신체 감각 연결
감정 언어 확장: "그냥 힘들어" → "외로움, 실망, 죄책감이 섞여 있어"

〈감정 일기 샘플(오전/오후/저녁)〉

날짜: 2023년 6월 5일

오전(07:00~12:00)
- **상황:** 아이 이유식 준비 후 첫사랑 영상 시청 중 전화 벨소리.
- **감정:** 불안(60%), 초조(50%)
- **신체 반응:** 심박수 90bpm, 손바닥 땀, 가벼운 어지러움.
- **자동사고:** "또 중요한 전화를 놓치면 어떡하지?"
- **대처 행동:** 휴대폰 확인 후, "아니야, 중요한 전화가 아니야" 스스로에게 말하고 차분하게 이유식을 지속함.
- **새로운 감정:** 안도(40%), 평온(30%)

오후(12:00~18:00)
- **상황:** 점심 후 아이와 낮잠 준비 도중 아이의 갑작스런 울음.
- **감정:** 짜증(70%), 무력(65%)
- **신체 반응:** 어깨 결림, 목 근육 긴장.
- **자동사고:** "나는 왜 이럴 때도 침착하지 못할까?"
- **대처 행동:** 5분간 복식호흡 → 아이의 감정을 언어화("아기는 배고픈 것 같아") → 분유 병 만들기.
- **새로운 감정:** 차분(50%), 자신감(40%)

저녁(18:00~22:00)
- **상황:** 아이와 놀아주다 보니 저녁 준비 시간 부족.
- **감정:** 초조(55%), 죄책감(60%)
- **신체 반응:** 가벼운 두통, 속 쓰림.
- **자동사고:** "내가 너무 못 챙기는 엄마라는 느낌이야."
- **대처 행동:** 남편에게 "오늘 저녁 배달 음식 시켜도 괜찮을까?" 요청 → 남편 긍정적으로 수락.
- **새로운 감정:** 안도(70%), 고마움(60%)

♡ 마음을 살리는 10분 루틴

☺ 정서 추적(Emotion Tracking)

• 시간대별 감정 강도 기록
• 트리거 분석(기록된 감정 변화의 원인을 찾아내는 과정)
• 사전 대응 루틴 설정

🔍 엄마 마음 리셋 노트

• 시간대별 감정 변화: 아침 _____ / 점심 _____ / 저녁 _____

• 가장 감정이 흔들린 순간:

• 그 순간 대비 루틴:

🗨️ 심리학자 엄마의 목소리

"예전에는 내 감정이 갑자기 변할 때마다 당황하고, 그런 나 자신을 탓하곤 했어요. 하지만 하루의 감정을 마치 날씨처럼 기록하고 바라보기 시작하면서, 내 마음에도 맑음과 흐림, 소나기와 햇살이 자연스럽게 오간다는 걸 알게 되었어요. 감정 풍속도를 그리는 작은 루틴을 통해, 나는 내 안의 다양한 감정이 모두 소중한 일부임을 받아들이게 되었죠. 내 감정을 판단하지 않고 있는 그대로 바라보는 연습을 하면서, 내 마음의 날씨를 이해하고 다정하게 맞이할 수 있게 되었어요. 완벽하게 맑은 날만을 기대하기보다, 흐리고 비 오는 날에도 내 마음을 따뜻하게 안아주는 법을 배웠죠. 오늘 하루, 당신의 감정 풍속도를 그려보세요. 내 마음의 날씨를 이해하는 것만으로도, 스스로에게 큰 위로와 여유가 찾아올 거예요."

☆ 마음 챙김 노트

감정을 기록하면, 예측하고 준비할 수 있어요.

🖐️ 오늘, 내 마음에 건네는 질문

오늘의 감정 그래프에서, 가장 높게 솟은 파도는 언제였나요?

"

상담 이론을
일상에 적용하기

"

오늘, 당신은 어떤 감정 앞에서
상담자의 마음을 떠올려보셨나요?
그 이론은 당신에게 어떤 실천을 제안했나요?

심리학을 전공한 나는 많은 이론을 알고 있었다. 인지행동치료
(CBT), 정서조절 전략, 애착 이론 등, 책과 강의에서 수없이 공부했
고 강의도 해왔다. 하지만 아이를 낳고, 실제 육아의 한가운데에 들
어섰을 때, 나는 그 이론들이 내 삶에 어떻게 적용될 수 있는지를 새
롭게 배워야 했다.

상담실에서는 타인의 고통을 객관적으로 바라보며 방향을 제시할
수 있었지만, 내 아이의 울음 앞에서는 그 이론들이 막연하게 느껴
졌다. 나의 이론은 현실 앞에서 다시 살아나야 했다. 그래서 나는 결
심했다. 상담실에서 배운 이론을, 내 일상 속에서 적용해 보기로 했다.

"
행동은 모든 성공의 기초다.
"

- 윌리엄 제임스 -

"
지식만으로는 충분하지 않다.
우리는 행동해야 한다.
"

– 알프레드 아들러 –

〈상담 이론별 엄마 일상 적용 사례〉

1. 인지행동치료(CBT)의 적용

핵심 개념: 비합리적 신념(자동사고)을 인식·재구조화 → 행동 변화.

사례:

• **상황**: 아기가 밤새 울어 잠을 못 잔 뒤, "난 무능한 엄마야"라는 신념이 떠오름.
• **CBT 활용**: 1. 자동사고 인식: "나는 무능한 엄마야"

        2. 증거 찾기: "사실, 지난주에는 아기를 재우고 다음 날 출근까지 잘 해냈어."

        3. 재구조화: "아무리 밤을 새도 나는 최선을 다하는 엄마야."

        4. 행동 변화: "오늘 아침, 아이를 재우기 전 자신에게 '나는 할 수 있어'라고 3회 외치기."

결과: 이후 비슷한 상황에서도 자동사고가 뜨면 "최선을 다했다"는 대체 신념을 떠올리며 마음이 한층 가벼워짐.

2. 수용전념치료(ACT)의 적용

핵심 개념: 현재 순간을 있는 그대로 수용(Acceptance)

        → 가치 중심 행동(Commitment)

사례:

• **상황**: 아이 울음소리에 스트레스가 심해 "아이를 도저히 못 돌보겠다"는 충동.
• **ACT 활용**: 1. 수용: "지금 나는 압도당하는 중이다"라고 현재 감정 인정.

        2. 관찰(Self-as-Context): "나와 내 감정은 분리될 수 있다"는 관점으로 한 걸음 물러서기.

        3. 가치 탐색: "나는 아이와 긍정적 유대감을 쌓고 싶다"라는 가치를 확인.

        4. 헌신적 행동: "지금 당장은 힘들어도, 아이와 짧더라도 눈 맞춤을 시도 하겠다" 결심.

결과: "힘들지만, 그래도 아이에게 친밀감을 주는 내가 되고 싶다"는 마음이 생기며, 실제로 눈 맞춤 후 아이가 곧 잠들어 차분함을 경험함.

3. 대인관계치료(IPT)의 적용

핵심 개념: 대인관계 문제(역할 갈등 · 역할 전이 - Transference, 누군가에게 과거의 감정을 덧씌우는 마음 등)를 해결하면 정서 개선 가능.

사례:

• **상황:** 시어머니와 육아 방식 문제로 자주 충돌, 자신감 저하.
• **IPT 활용:** 1. 역할 갈등 인식: "나는 엄마이자 며느리라는 두 역할 사이에서 혼란을 겪고 있다."
        2. 감정 표현: 시어머니에게 "저는 제 방식으로 아이를 키우고 싶어요" 라고 객관적 사실 전달.
        3. 문제 해결: "함께 육아 교육 자료를 보고 공감대를 형성해 볼까요?" 제안.
        4. 사회적 지지 확보: 배우자에게 중재자 역할을 부탁하여, 시어머니와의 갈등을 중재.

결과: "힘들지만, 그래도 아이에게 친밀감을 주는 내가 되고 싶다"는 마음이 생기며, 실제로 눈 맞춤 후 아이가 곧 잠들어 차분함을 경험함.

4. 억눌린 감정 인식 → 표현 → 치유

핵심 개념: 대인관계 문제(역할 갈등 · 역할 전이 등)를 해결하면 정서 개선 가능.

사례:

• **상황:** 친구 모임에서 "힘들지 않냐"고 물었지만, "괜찮아"라며 웃어넘김.
• **EFT 활용:** 1. 감정 탐색: "사실 너무 외롭고 무기력했어"라고 친구에게 솔직히 표현.
        2. 감정 표현: 눈물을 보이며 "이렇게 말해도 괜찮을까?" 물음.
        3. 치유: 친구가 "나도 그랬어. 함께 이겨내자"고 공감해주며, 큰 위로를 경험.

결과: 이후 감정을 숨기지 않고 주변에 솔직히 말하면서 스스로를 돌보는 힘이 생김.

나는 매일 아침 속으로 말했다.

"불안을 느끼는 지금 이 순간에도, 나는 아이와 함께하기로 마음먹는다." 이 짧은 문장은 감정의 파도 속에서 나를 붙잡아주는 심리적 닻이 되었다. 회피가 아닌 수용, 억제가 아닌 공존. 그것이 ACT가 가르쳐준 삶의 방식이었다. ACT(수용전념치료)의 또 다른 핵심은 '가치 기반 행동'이다.

나는 나만의 양육 가치를 적어보았다.

• 감정을 존중하는 부모
• 안정감을 주는 존재
• 나 자신도 소중히 여기는 엄마

이 가치에 따라 행동 루틴을 조정했다.

• 아이가 울 때 "왜 이래?"가 아니라,
"무슨 감정을 느끼고 있을까?"를 먼저 물어보는 연습
• 내가 지쳤을 땐 "참아야지" 대신 친구에게 메시지를 보내는 선택

그 작은 행동들이 '나는 내 삶의 방향을 알고 있다'는 심리적 안정감을 주었다. 상담 이론은 머리로 이해하는 것보다, 몸으로 익히는 데 더 많은 시간이 필요했다. 그러나 반복해서 적용하고 연습할수록, 이론은 생명을 얻고 내 삶의 도구가 되었다. 나는 여전히 실수하고, 여전히 흔들리지만, 이제는 안다. 이론은 나를 책상 위에서 구해준 것이 아니라, 육아의 현장에서 다시 살아났다.

"이론은 현실 속에서 빛난다. 그리고 그 빛은, 나와 아이를 조금씩 비추기 시작했다."

♡ 마음을 살리는 10분 루틴

• 자동사고 탐색과 인지재구조화(CBT)
• 가치 기반 행동 계획(ACT): '연결' '자율성' '안정감' 중 나의 핵심 가치 찾기

📇 엄마 마음 리셋 노트

• 자동사고 포착: "＿＿＿＿＿＿＿＿＿＿＿＿＿＿＿＿＿＿＿＿"

• 대체 사고 제안: "＿＿＿＿＿＿＿＿＿＿＿＿＿＿＿＿＿＿＿＿"

• 가치 기반 행동: "＿＿＿＿＿＿＿＿＿＿＿＿＿＿＿＿＿＿＿＿"

💬 심리학자 엄마의 목소리

"삶의 현장에서 이론을 직접 실천하면서, 나는 내 감정과 관계를 더 깊이 이해하게 되었고, 완벽하지 않아도 괜찮다는 자기연민의 메시지가 진짜 위로로 다가왔어요. 이 경험을 당신에게도 전하고 싶어요. 머리로만 아는 이론이라도, 삶 속에서 직접 실험해 볼 때 비로소 나를 지키는 언어가 될 수 있다는 걸요.

☆ 마음 챙김 노트

상담 이론은, 내 삶을 비추는 거울이자 지도가 됩니다.

📖 오늘, 내 마음에 건네는 질문

오늘 어떤 이론적 도구를 꺼내 써볼까요?

"

자기효능감(Self-Efficacy)
키우기

"

최근 당신이 '이건 내가 해냈어'라고
느낀 순간은 언제였나요?
그 성취가 마음속 믿음을 어떻게 바꾸었나요?

육아는 예측할 수 없는 상황의 연속이었다. 매일 반복되는 일상, 아이의 울음과 감정 폭발, 그리고 끝없이 이어지는 수면 부족 속에서 나는 자주 무력감을 느꼈다. "나는 왜 이렇게 못할까?"라는 질문이 자주 머릿속을 맴돌았다. 그러던 어느 날, 심리학 수업 중 배웠던 "자기효능감(Self-Efficacy)"이라는 개념이 문득 떠올랐다. 이 이론은 단순한 심리 용어가 아니라, 나를 다시 일으켜 세우는 열쇠가 되었다.

심리학자 앨버트 반두라(Albert Bandura)의 자기효능감(Self-Efficacy)이론은 '자신이 특정 과제를 수행할 수 있다는 믿음' 이행동의 지속력과 감정 조절에 결정적 영향을 미친다고 말한다.
특히 육아라는 긴 여정에서, 자기효능감은 "나는 계속 해나갈 수 있어." 라는 내면의 등불이다.

자기효능감은 거창한 성공에서 오지 않았다. 그것은 아이와 눈 맞추고 웃어준 짧은 순간, 피곤한 와중에도 인내했던 찰나에서 자라났다. 나를 믿는 힘은 외부에서 오는 것이 아니라, 내가 나를 바라보는 시선에서 시작된다.
"나는 매일 실패하면서도, 매일 다시 시작했다. 그리고 그 반복은 나를 '엄마'에서 '회복하는 사람'으로 자라나게 했다."

〈앨버트 반두라의 자기효능감(Self-Efficacy) 4가지 근원〉

1. 성공 경험(Mastery Experience)

설명: 직접 성공을 경험했을 때 자기효능감이 가장 많이 형성됩니다.

구체적 예문:
- "오늘 아침 5분간 복식호흡을 연속으로 3회 성공했다"
- "아이가 울음을 그치고 안정을 되찾자, 나는 안전한 돌봄을 제공했다"
- 이런 작은 성공을 기록하면서 "나는 과거에도 해냈어"라는 믿음이 자라납니다.

2. 대리 경험(Vicarious Experience)

설명: 다른 사람의 성공 사례를 관찰함으로써 "나도 할 수 있다"는 믿음을 얻는 것.

구체적 예문:
- 같은 산부인과 동기 엄마가 "밤중 불안을 복식호흡으로 컨트롤했다"는 영상을 시청하고 따라 해보기.
- 온라인 맘 카페에서 "초보 엄마가 불안 없이 이유식을 성공했다"는 후기 읽고 모방 시도.
- 이를 통해 "그 사람이 성공했다면, 나에게도 가능하다"는 확신을 가질 수 있습니다.

3. 사회적 설득(Social Persuasion)

설명: 주변인(배우자·가족·친구)이 격려하고 칭찬함으로써 자신감을 높이는 것.

구체적 예문:
- 남편이 "너는 아이에게 안전한 보금자리를 제공하고 있어"라고 말해줄 때.
- 친구가 "너처럼 사랑 깊은 엄마는 없을 거야"라고 문자로 응원할 때.
- 다만, 실행의지가 약할 때는 단순 칭찬보다 구체적 행동 언어화가 효과적입니다.

4. 신체적·정서적 상태(Physiological & Affective States)

설명: 신체적으로나 정서적으로 긍정적인 상태를 유지하면 자기효능감이 상승합니다.

구체적 예문:
- 충분한 수면을 취하고 기분이 안정된 상태에서 "오늘 아이에게 놀아주기" 시도.

- 명상을 통해 긴장을 완화한 뒤, "나는 차분하게 문제를 해결할 수 있다"는 대체 생각 연습.
- 전반적으로 스트레스가 낮고, 몸이 가벼울 때 작은 행동도 성공으로 이어질 가능성이 높습니다.

"성공하기 위해서는 자기효능감, 즉 역경과 불평등을 함께 극복할 수 있다는 믿음이 필요하다."
("In order to succeed, people need a sense of self-efficacy, to struggle together with resilience to meet the inevitable obstacles and inequities of life.")

〈단계별 목표 달성 플랜〉

단계	목표 내용	구체적 행동	예상 소요 시간	점검 기준
1단계	오늘 아침 5분 명상	알람 맞추고, "4초 들이쉬기 → 6초 내쉬기" 반복	5분	호흡 5회 이상 성공, 심박 안정 (평소보다 10bpm↓)
2단계	아이와 눈 맞추기 10분	아기 침대 옆에 앉아, 눈 맞추며 부드럽게 웃기	10분	아이가 안정된 표정 보일 때까지 시도
3단계	하루에 한 번 스스로 칭찬하기	종이에 "나는 오늘 잘 해냈다" 적고 읽기	2분	"나도 괜찮아"라고 말하면서 긍정 감정 30%↑
4단계	주간 성취 리뷰 (주 1회)	지난 6일간의 일지 점검 후 노트에 기록	15분	적어도 3가지 성공 경험을 목록화
5단계	월간 자기 효능감 평가 및 조정 (월 1회)	월초와 월말의 자기효능감 지수 비교 (0~100)	20분	지수가 5점 이상 상승 했는지 확인

♡ 마음을 살리는 10분 루틴

☺ 자기효능감 강화 전략

1. 직접 경험
2. 대리 경험
3. 언어적 설득
4. 정서적 각성

📑 엄마 마음 리셋 노트

• 오늘의 작은 목표:

• 성공 후 느낀 변화:

📝 또 하나 중요한 실천은 CBT와 ACT 이론의 적용이었다.

• CBT 인지 재구조화
"나는 실패한 엄마야." → "오늘도 아이를 안아줬잖아."

• **ACT 가치 기반 행동**
'연결'이라는 가치를 바탕으로 지쳤을 때 친구에게 도움을 청했다.
작은 행동이었지만, 그것이 감정의 흐름을 바꿨다.
무엇보다 놀라운 사실은, 나의 자기효능감이 아이에게도 전이되었다는 점이다.
"괜찮아, 다시 해보자."
이 말을 듣고, 아이도 따라 말했다.
"엄마, 나도 해볼게."
내 회복은 곧 아이의 회복이었다.

💬 심리학자 엄마의 목소리

"매일 반복되는 어려움 속에서 때로는 내가 아무것도 이뤄내지 못한 것처럼 느껴질 때가 있었어요. 하지만 작은 한 걸음이라도 스스로 해냈다는 사실을 인정하고, 그 노력을 다정하게 바라보기 시작했죠. '이만큼 해낸 나, 정말 대단하다'고 스스로에게 말해주었을 때, 마음 한켠에 새로운 힘이 생겼어요. 성취를 있는 그대로 인정하고 스스로를 격려하는 순간, 나는 다시 일어설 용기를 얻었어요. 완벽하지 않아도 괜찮다는 자기 수용이, 내 일상에 작은 변화와 성장의 씨앗이 되었죠. 아주 작은 성취라도 스스로 인정해 주세요. 그 자각이 당신을 다시 일으켜 세울 힘이 되어줄 거예요."

자기효능감은, '다시 시도할 용기'에서 자랍니다.

🛏 오늘, 내 마음에 건네는 질문

내일 나는 어떤 작은 성취를 목표로 삼을까요?

"

'충분히 좋은 엄마'로의 전환

완벽하지 않아도 괜찮은 존재로 살기

"

오늘, 당신은 어떤 순간에
"이것만 해도 괜찮아"라고 스스로를 다독였나요?
그 인정은 당신을 어떻게 변화시켰나요?

육아 초기에 나는 늘 스스로에게 실망했다. 아이가 울면 금방 달래지 못했고, 감정이 북받쳐 아이에게 짜증을 내고 나서는 스스로를 원망했다. 나에게 엄마란, 늘 미소 짓고 침착하며 아이의 마음을 온전히 이해해주는 존재였다. 그러나 실제의 나는 그 이상과 거리가 멀었다. 나의 감정은 들쭉날쭉했고, 하루에도 몇 번씩 '이래도 괜찮을까?'라는 질문으로 마음이 무너졌다.

"
아이는 완벽한 엄마가 아니라,
'충분히 좋은 엄마(good enough mother)'를 필요로 한다.
"

- 도날드 위니컷 -

아이에게 필요한 것은 모든 욕구를 100% 채워주는 엄마가 아니라, 때때로 실수하고도 그 실수를 함께 회복하는 엄마였다.

〈도날드 위니컷(D. W. Winnicott)의 '충분히 좋은 엄마 (Good-enough mother)' 이론〉

개념

위니컷은 "엄마가 완벽할 필요는 없으나, 아기의 신호에 민감하게 반응하는 순간이 충분히 있어야 한다"고 보았다. 즉, 가끔은 실패하고 실수해도, 아기와의 안정된 애착 형성이 가능하다는 것이다.

핵심 요소

1. 초기 유아 상호작용(Primary Maternal Preoccupation)

• 출산 후 첫 3~4주간 엄마는 아기와 강하게 감정적으로 연결되며, 아기의 요구를 민감하게 감지한다.
• 예: 아기가 울면 즉시 반응하려 노력하는 단계.

2. 공간(transitional space) 확대

• 아기가 스스로 자아감을 형성할 수 있도록, 엄마는 곧장 개입하기보다 잠시 관찰하는 시간을 준다.
• 예: 아기가 스스로 손을 뻗어 장난감을 잡으려 할 때, "조금만 더 시도해봐도 돼"라고 속으로 되뇌며 지켜보기.

3. 성장적 결함(good-enough imperfection)

• 엄마가 항상 완벽하지 않아야 아기가 실패를 경험하며 자아를 형성할 수 있다.
• 예: 아기가 엄마의 눈에 띄지 않는 사이에 넘어져 울 때, 엄마는 즉각적 구원이 아니라 "다친 건 없는지"만 살펴주면, 아기는 스스로 일어나는 힘을 기른다.

'충분히 좋은 엄마'는 자기효능감과도 연결된다. 내가 매일 시도하고, 실패하고, 다시 시도하는 그 과정 자체가 아이에게는 중요한 모델이 된다. 완벽하지 않은 내가 회복하는 모습을 보며, 아이도 자기자신을 수용하고 회복하는 법을 배운다.

나는 아이에게 실수했을 때 이렇게 말했다. "미안해, 엄마가 너무 피곤했어. 다음에는 더 나아질 수 있도록 노력할게." 그 진심은 아이에게도 전달되었다. 어느 날, 아이가 이렇게 말했다.

"엄마도 힘내."

그 말은 내 가슴을 울렸다. 내가 변하니, 아이도 변하고 있었다.

완벽한 엄마가 되지 않아도 괜찮다. 중요한 것은 실패 이후에 어떤 태도를 가지느냐다. 아이와 함께 성장하고, 실수 속에서도 다시 일어나는 모습을 보여주는 것. 그것이 바로 '충분히 좋은 엄마'의 진정한 의미다. 나는 매일 밤 자기 전에 스스로에게 말했다.

"오늘도 충분히 잘했어."

처음에는 어색하고 믿기지 않았다. 하지만 그 말이 반복될수록, 내안의 긴장이 풀리고 나를 향한 따뜻한 시선이 자라기 시작했다.

♡ 마음을 살리는 10분 루틴

👍 자기강화(Self-Reinforcement)

- 실수 후에도 자신을 칭찬하고
- 작은 성공을 기록하며
- 자기 효능감 강화하기

📑 엄마 마음 리셋 노트

- 오늘 가장 감사한 순간:

- 그 순간 나를 칭찬할 말:

👤 심리학자 엄마의 목소리

"예전에는 완벽한 엄마가 되어야 한다는 부담에 스스로를 몰아붙였어요. 작은 실수에도 자책하고, 아이에게 더 잘해주지 못한다는 생각에 마음이 무거웠죠. 완벽함이 아니라 '충분히 좋은 엄마'가 되는 것이 더 중요하다는 걸 깨달았어요. 아이와 함께 실수하고, 함께 배우며 성장하는 과정 자체가 소중하다는 사실을 받아들이게 되었죠. 나 자신에게도 따뜻한 시선을 보내고, 아이의 성장에도 여유롭게 동행할 수 있게 되었어요. 완벽하지 않아도 괜찮다는 자기 수용이, 우리 가족 모두에게 작은 변화와 회복의 힘이 되어주었죠. 아이도, 나도 함께 성장하는 '충분히 좋은 엄마'로서, 오늘 하루 자신을 다정하게 안아주세요. 그 여유와 따뜻함이 아이에게도 자연스럽게 전해질 거예요."

회복은 완벽이 아니라, 다시 시도할 용기를 갖는 것입니다.

오늘, 내 마음에 건네는 질문

내일, 어떤 태도로 하루를 시작할까요?

"

일상의 작은 실패와 성취
매일 다시 시작하는 엄마의 용기

"

오늘 당신은 어떤 실패를 겪었고,
어떤 성취를 경험했나요?
그 작은 변화를 어떻게 기억하고 계신가요?

육아는 매일이 새로운 시작이자 작은 실패와 성취의 연속이었다. 아침 등원 준비 전쟁에서 시작해, 밤이 되면 아이와의 갈등과 나 자신에 대한 실망으로 하루를 마무리하곤 했다. 어떤 날은 이유 없이 울기도 했고, 또 어떤 날은 아이의 "엄마, 사랑해" 한마디에 눈물이 핑 돌았다. 이처럼 하루 안에도 수많은 감정의 파도가 출렁였다. 심리학자인 나조차도 매일 반복되는 실수 앞에 주저앉곤 했다. 하지만 바로 그 반복 속에서 나는 매일 다시 일어날 수 있는 힘을 발견하게 되었다.

자극과 반응 사이에는 공간이 있다.
그 공간에는 우리가 반응을 선택할 수 있는 힘이 있다.
그리고 그 반응을 선택하는 데 우리의 성장과 자유가 있다.

– 빅터 프랭클 –

심리학자 앤젤라 더크워스(Angela Duckworth)는 GRIT을 "열정과 끈기의 조합"이라고 정의했다. GRIT을 장기적인 목표를 향해 보상이나 인정을 기대하지 않고도 지속적으로 열정을 가지고 끈기 있게 노력하는 성향으로 설명하며, 이는 수개월에서 수십 년에 걸친 목표 달성에 필수적인 특성이라고 강조한다.

육아처럼 보상이 불확실하고 긴 여정을 필요로 하는 일에서는, 이 GRIT이야말로 핵심 역량이다. GRIT은 단순히 참고 견디는 인내심이 아니라, 실패를 학습 기회로 받아들이고 다시 시도할 수 있는 심리적 유연성을 포함한다.

나는 매일의 사소한 일들에 의미를 부여하기 시작했다.
-아이에게 화를 내고 나서 곧바로 사과한 날
-이유식 만들기에 실패했지만 아이와 눈을 맞추며 웃었던 순간
-혼자서도 공원에 데리고 나가 뛰어논 날

이런 작은 장면들이 모여, 나의 일상이 단순한 '반복'이 아닌 '성장'의 서사가 되었다.

<일상의 작은 성취 사례>

1. "아침에 제시간에 일어나서 아이에게 이유식을 준 날"

상황: 평소에는 알람을 여러 번 끄고 잠을 더 잤으나, 이날은 알람 한 번에 바로 일어남.
행동: 6시 알람 → 6시 10분까지 아이 이유식 준비 완료.
감정 피드백: • 아침 6:15 - "오늘은 뭔가 다르게 시작하네" (안도 50%)
　　　　　　 • 아침 6:30 - "내가 작게라도 목표를 지켰어" (자신감 60%)
결과: 아이가 이유식을 잘 먹어주자, "이 작은 행동이 큰 보람"이라고 느껴짐.

2. "아이와 짧게라도 놀이 시간을 가진 날"

상황: 평일 저녁 일정이 많아, 놀이 시간이 주로 5분 내외였음.
행동: 퇴근 후 바로 집에 들어와 아이의 장난감 앞에 앉아 블록 놀이 7분 진행.
감정 피드백: • 저녁 7:10 - "나는 뭐라도 해주려 노력했구나" (만족 65%)
　　　　　　 • 저녁 7:15 - "아이 웃음소리에 나도 행복해졌다" (행복 70%)
결과: 그날 저녁 다른 집안일에 대한 스트레스가 크게 완화됨.

나는 매일 밤 성취 일기를 썼다.
"오늘은 아이에게 화내지 않고 설명했다."
"아이의 눈을 보며 인사했다."
"감정을 알아차리고 호흡하며 멈췄다."

이 기록들은 단순한 메모가 아니었다. 그것은 내가 얼마나 노력하고 있는지를 스스로 확인하는 방식이었다. 그리고 무엇보다, 그 일기는 나에게 스스로를 격려할 수 있는 언어를 제공해주었다.

"왜 이렇게 못했을까?"라는 비난의 목소리를 "지금도 충분히 잘하고 있어."로 바꾸는 연습을 했다. 처음에는 어색했지만, 그 말들은 내 마음에 안전망을 만들어주었다.

아이와 감정 싸움이 있었던 날, 나는 그 상황을 그림으로 정리했고, 다음 날 아이에게 이렇게 말했다.

"엄마가 어제는 소리 질러서 미안해."

아이는 "나도 화났었어."라고 말했다. 우리는 함께 감정을 이름 붙이고 풀어가는 법을 배우고 있었다. 그 과정에서 나도 성장했고, 아이 역시 정서를 조절하는 힘을 키워가고 있었다.

자존감과 자기가치가 안정된 사람일수록 스트레스에 강하고, 관계 만족도가 높다. 나는 '충분히 좋은 엄마'가 되기로 마음먹은 순간부터, 나 자신에 대한 회복을 체감하기 시작했다.

완벽한 엄마는 될 수 없다. 하지만 회복력 있는 엄마는 될 수 있다. 나는 오늘도 작은 실천을 목표로 삼는다. 아이와 눈을 맞추며 인사하기, 실수했을 때 사과하기, 감정을 묻고 들어주기. 이런 작고 진심 어린 반복이 나를 '충분히 좋은 엄마'로, 그리고 충분히 좋은 나로 성장시켜주고 있다.

그리고 그 여정을 아이와 함께 걸어간다는 사실, 그것만으로도 나는 충분하다.

♡ 마음을 살리는 10분 루틴

👍 GRIT 훈련

- 실패를 학습 기회로 재구성하기
- 작고 구체적인 목표를 세워 기록하기

🔍 엄마 마음 리셋 노트

- 오늘 내가 해낸 작은 성취: _____
- 그 성취가 우리에게 준 의미: _____

💬 심리학자 엄마의 목소리

"과거에는 실패가 두려워서 한 걸음 내딛는 것조차 망설일 때가 많았어요. 하지만 정서적 회복력에 대해 배우고, 자기연민을 실천하면서 실패 역시 성장의 일부임을 받아들이게 되었죠. 실수하거나 넘어졌을 때, 스스로를 다그치기보다 '괜찮아, 다시 시작할 수 있어'라고 다정하게 말해주었어요. 그 작은 연습이 쌓이면서, 점점 실패를 두려워하지 않게 되었고, 오히려 다시 일어서는 힘이 내 안에 있다는 걸 알게 되었어요. 완벽하지 않아도 괜찮다는 자기 수용과, 넘어져도 다시 일어설 수 있다는 믿음이 내 일상에 큰 용기와 회복의 힘이 되어주었어요. 실패를 두려워하지 않고, 다시 일어서는 연습을 통해 우리 모두 조금씩 성장할 수 있다는 걸요" 그 여정을 아이와 함께 걸어간다는 사실, 그것만으로도 나는 충분하다.

☆ 마음 챙김 노트

작은 실패와 성취의 반복이, 우리를 단단하게 만드는 GRIT입니다.

📖 오늘, 내 마음에 건네는 질문

오늘 나는 어떤 작은 성취를 목표로 삼을까요?

"

아이와 함께 배우는 감정 조절
감정을 나누는 부모, 회복을 배우는 아이

"

오늘 아이와 함께
감정을 나눈 순간은 언제였나요?
그 감정은 어떻게 흐르고, 무엇으로 연결되었나요?

등원 준비 중, 아이가 신발을 신기 싫다며 울기 시작했다. 처음에는 달래보려 했지만, 시간이 촉박하다는 압박에 결국 나는 큰소리를 내고 말았다. 아이의 눈이 동그래지고, 곧 울음을 터뜨렸다. 그날 하루 종일, 나는 "왜 그렇게 말했을까…"를 반복하며 자책에 빠졌다. 불편한 감정이 마음 한구석에서 가시지 않았다. 그날 밤, 아이를 재우며 조용히 말했다. "엄마가 아침에 소리 질러서 미안해." 아이는 잠결에 "응" 하고 대답했다. 그 한마디에 나도 눈물이 났다. 감정은 억누를 것이 아니라, 함께 나누고 회복해야 할 것이었다.

〈부모 – 자녀 상호작용 단계별 대화〉

상황: 아이(3세)가 블록을 던지며 화를 냄.

1. 부모(엄마) 인식 단계
• 엄마: (아이를 바라보며 차분한 목소리) "(이름), 네가 지금 화난 것 같아."

2. 아이 감정 언어회 단계
• 아이: "엄마가 내 블록 못 봐주잖아!"
• 엄마: "네가 나를 보고 싶었구나. 블록 놀이가 재미없어서 화가 났구나."

3. 부모 공감 표현 단계
• 엄마: "그래, 블록 놀이가 더 재미있었으면 좋았을 텐데…"

4. 대안 제시 단계
• 엄마: "우리 함께 다른 모양 블록을 만들어볼까? 아니면 그림을 그려볼까?"

5. 안정화 및 칭찬 단계
• 아이: (고개를 끄덕이며) "응, 그림 그릴래."
• 엄마: "잘 선택했어. 우리가 함께 하니 더 재미있지?"

"
이름 붙일 수 있는 감정은 길들일 수 있다
"

– 다니엘 시겔 –

감정 조절(self-regulation)은 인간이 자신의 감정을 인식하고 조절
하는 능력이다. 정서 발달에 중요한 이 능력은 타고나는 것이 아니라,

학습과 경험을 통해 길러진다. 특히 아동의 감정 조절 능력은 부모의 감정 표현 및 반응과 밀접하게 연관되어 있다. 부모가 감정을 억누르거나 폭발적으로 표출할 때, 아이 역시 동일한 방식으로 반응할 확률이 높아진다. 반면 감정을 적절히 표현하고 다루는 모습을 보일 때, 아이는 이를 모델링하게 된다.

1. 감정 카드 놀이

얼굴 표정이 그려진 카드를 보며 "이 표정은 어떤 기분일까?", "오늘 엄마 기분은 이거랑 비슷해." 감정을 언어화하는 연습을 함께 했다. 아이는 점점 "나 지금 화났어", "속상해." 라고 표현하게 되었다. 감정을 정확히 표현할 수 있을 때, 행동도 예측 가능해졌고, 갈등도 줄어들었다.

2. 함께 심호흡하기

감정이 격해질 때, 나는 아이를 무릎에 앉히고 숨을 들이쉬고 내쉬었다. 처음엔 장난처럼 시작했지만, 잠자기 전 3회의 심호흡은 감정을 가라앉히는 작은 의식이 되었다.

3. 감정 그리기와 사과

감정이 격한 날, 그날 있었던 일을 종이에 그림으로 그리며 이야기했다.

"엄마가 어제는 소리 질러서 미안했어.",
"나도 화났어." – 아이의 대답

우리는 함께 감정을 이름 붙이고, 풀어내는 과정을 훈련하고 있었다.

〈아동용 감정 카드 제작 가이드〉

준비물: 색종이(네 가지 색 추천), 검정 매직, 가위, 풀

1. 카드 크기: 약 8cm×8cm 정사각형으로 색종이를 4장 오려 준비.

2. 얼굴 표정 그리기:
• 행복, 슬픔, 화남, 놀람 4가지 감정 표징을 난색 배경 위에 간단한 얼굴 윤곽으로 그립니다.
• 예: 노란색 배경에 웃는 얼굴(행복😊), 파란색 배경에 눈물 흘리는 얼굴(슬픔😭).

3. 감정 이름 적기: 각 카드 아래에 "행복😊", "슬픔😭", "화남😡", "놀람😲"처럼
   이모지와 함께 적어줍니다.

4. 사용 방법:
• 아이가 감정을 표현하기 어려워할 때, 카드를 보여주며
  "너 지금 어떤 표정이니?"라고 물어보세요.
• 아이가 카드를 고르면, "그러면 그 감정을 왜 느끼는지 이야기해볼까?"라고
  대화를 이어갑니다.

♡ 마음을 살리는 10분 루틴

🃏 감정 카드 놀이
다양한 감정을 시각·언어로 표현하며 공감 능력을 키우기

🔍 엄마 마음 리셋 노트

• 오늘 함께 한 감정 훈련 도구: _____

• 그 결과 느낀 변화: _____
_____
_____

나는 의식적으로 "괜찮아, 울어도 돼"라는 말을 자주 했다. 과거에는 "그만 울어"라고 말했던 내가, 이제는 감정을 억누르지 않고 흘려보낼 수 있도록 도왔다. 이 한마디는 아이에게 감정이 수용될 수 있는 안전지대를 만들어주었다.

감정 유연성(emotional flexibility)은 다양한 감정을 수용하고 현재 순간에 집중하며, 가치에 따라 행동하는 능력을 말한다. 이는 스트레스, 불안, 우울을 줄이고 자존감과 관계 만족도를 높인다. 아이와 함께한 감정 조절 훈련은 나의 감정 유연성도 함께 키워주었다.

감정은 억제할 대상이 아니라, 이해하고 흘려보낼 대상이다. 아이와 함께 감정을 배우는 여정은 단순히 양육 기술을 넘어서, 서로의 내면을 연결하는 깊은 연습이었다. 실패한 날에도, 감정을 잘 표현하지 못한 날에도, 나는 이렇게 말할 수 있게 되었다. "괜찮아. 우리 함께 배우고 있으니까."

🏠 〈가족 놀이치료 기법 소개〉

1. 롤플레이(Role-play) 기법
목적: 가족 간 역할을 바꾸어 보며 타인의 입장에서 감정을 이해.

방법:
• "오늘은 아빠가 아이 역할이고, 아이가 엄마 역할이야. 엄마가 왜 화났는지 설명해보자."
• 서로 역할을 바꾸어 대화하면서, 실제 상황을 재현하고 해결 방안을 모색.

효과: 상대방의 감정을 공감하고, 오해를 줄이며 의사소통 능력 향상.

2. 인형극(Doll Play) 기법
목적: 아이가 직접 인형을 통해 자신의 감정을 표현하도록 유도.

방법:
• 아이에게 두 가지 인형(엄마 역할/아이 역할)을 주고, 최근에 화난 상황을 인형으로 재연하도록 요청.
• "엄마 인형이 화날 때, 아이 인형은 어떻게 해야 기분이 나아질까?" 라고 질문하며 대화 유도.
• **효과:** 아이의 방어적 태도를 낮추고, 감정 표현을 자연스럽게 이끌어냄.

3. 감정 찾기 보드게임
목적: 가족이 함께 감정을 주제로 놀이하며, 서로의 감정을 이해.

방법:
• 보드판에 "행복, 슬픔, 화남, 놀람, 두려움" 등이 적힌 칸을 만들어 말판처럼 사용.
• 주사위를 굴린 다음 멈춘 칸의 감정에 대해 "최근에 언제 이 감정을 느꼈니?" 스토리텔링 하기.
• **효과:** 가족 간 대화가 자연스럽게 이뤄지고, 서로의 감정을 공유하며 유대감 강화.

🗨 심리학자 엄마의 목소리

심리학자 엄마의 목소리"바쁜 일상 속에서 아이와 함께 조용히 숨을 고르는 시간을 가지기 시작했어요. 처음에는 단순한 호흡법이 무슨 도움이 될까 싶었지만, 함께 천천히 숨을 들이쉬고 내쉴 때마다 우리 둘의 마음이 조금씩 차분해지는 걸 느꼈어요. 심호흡은 단순한 신체적 루틴을 넘어, 서로의 감정을 인정하고 따뜻하게 연결되는 작은 의식이 되었죠. 이런 작은 실천이 정서적 회복력을 키우는 데 큰 힘이 되었고, 아이와 나 모두에게 심리적 안정과 여유를 선물해주었어요. 완벽하지 않아도 괜찮다는 자기연민의 태도와, 함께 성장하는 양육의 마음이 일상 속에서 자연스럽게 실천되는 순간이었죠. 오늘 하루, 아이와 함께 천천히 숨을 쉬어보세요. 그 짧은 순간이 서로의 마음에 따뜻한 안정을 선물해줄 거예요."

☆ 마음 챙김 노트

감정 조절은 억제가 아니라, 함께 배우고 나누는 기술입니다.

🖥 오늘, 내 마음에 건네는 질문

오늘 엄마와 아이가 함께 해볼 작은 감정 훈련은 무엇일까요?

"

마음 챙김과
스트레스 관리 기법

"

어느 날 아침, 아이의 울음소리에 잠에서 깼다. 눈을 뜨자마자 머릿속에 스친 생각은 "오늘도 다 버거울 거야"였다. 하루가 시작되기도 전에 나는 이미 탈진한 기분이었다. 아침밥을 차리고, 기저귀를 갈고, 청소를 하며 온몸이 지쳤지만 머릿속은 더 무거웠다. "나는 왜 이렇게 무능할까?"라는 생각이 하루 종일 나를 따라다녔다. 점점 호흡이 얕아지고 가슴은 조여들었다. 그때, 나는 정신없이 움직이던 손을 멈추고, 조용히 눈을 감고 한 번 깊게 숨을 들이마셨다.

"
지금 이 순간에 존재하는 것은
우리의 주의와 의식을 결합하는 것이다.
"

– 프리츠 펄스 –

'마음챙김(Mindfulness)'은 현재의 순간에 주의를 기울이고, 자신의 감정, 생각, 감각을 판단 없이 관찰하는 태도이다. 심리학자 존 카밧진(Jon Kabat-Zinn)은 마음챙김을 통해 스트레스를 줄이고 정서적 균형을 회복할 수 있다고 했다. 마음챙김은 자율신경계를 안정시키고, 과잉 활성화된 편도체의 반응을 낮추며, 전전두엽의 기능을 회복시켜 자기 조절 능력을 강화한다.

〈마음챙김 명상: 호흡에 집중하기 3분〉

1. 준비(00:00~00:10)
- "편안한 자세로 앉아주세요. 등을 곧게 세우고, 손은 무릎 위에 가볍게 올립니다. 눈을 감아도 좋고, 부드럽게 감을 수 있도록 해보세요."

2. 호흡 인식(00:10~00:40)
- "코로 3초 동안 천천히 숨을 들이마십니다. 숨이 들이마셔질 때, 공기가 콧구멍을 지나 폐 깊숙히 느껴지는 것을 관찰해 보세요."
- "그런 다음 코로 3초 동안 숨을 내쉽니다. 숨이 나올 때, 배가 부드럽게 들어가는 감각을 주의 깊게 느껴보세요."
- "이 과정을 두 번 더 반복합니다."

3. 현재 순간 머무르기(00:40~01:40)
- "이제 호흡에만 온전히 집중해 봅시다. 들숨과 날숨이 이어지는 리듬을 따라가 보세요."
- "생각이 떠오르면, '생각'이라고 라벨을 붙이고 살며시 흘려보냅니다."
- "감정이 떠오른다면, '감정'이라고 라벨을 붙이고 다시 호흡으로 돌아갑니다."

4. 감각 확장(01:40~02:40)
- "호흡에 익숙해지면, 몸 전반으로 주의를 확장해 봅니다. 지금 이 순간, 몸에서 어떤 감각(긴장, 이완, 따뜻함 등)이 느껴지나요?"
- "그 감각을 판단하지 않고 관찰합니다. '지금 내 몸이 이러하구나'라고 객관적으로 바라봅니다."

5. 마무리(02:40~03:00)
- "잠시 후, 눈을 천천히 뜨거나, 고개를 부드럽게 움직여 주변으로 돌아올 준비를 합니다."
- "오늘 이 3분 동안의 경험을 기억해두고, 필요할 때 언제든 이 명상을 떠올려 주세요."

어느 날 저녁, 아이를 재운 후 거실에 조용히 앉아 호흡 명상을 했다. 처음엔 잡생각이 많았지만, 몇 차례 숨을 고르자 마음이 가라앉기 시작했다. "지금 이 순간, 나는 안전하다." 그렇게 조용한 평온이 찾아왔다. 그 짧은 경험은 내게 큰 전환점이 되었다. "내 안에도 평온을 만들 수 있는 힘이 있다."는 확신은 이후 불안한 순간마다 나를 지탱해 주는 힘이 되었다.

마음챙김은 단순한 휴식이 아니라, 자기 자신과의 연결을 회복하는 과정이다. 꾸준한 연습은 불안과 스트레스에 대한 내성을 높이고, 감정 조절 능력을 확장시킨다. 마음챙김은 자신을 포용하는 연습이며, 나와 아이 모두를 위한 심리적 방어막이 된다.

육아는 끊임없는 긴장의 연속이지만, 마음챙김은 그 속에서 나 자신을 잃지 않도록 붙드는 닻이 되어준다. 나는 오늘도 잠시 멈춰 서서, 내 숨소리에 귀 기울이며 말한다.
"괜찮아. 지금 이 순간만은 나를 돌보자."

〈스트레스 지수 자가진단 체크리스트〉

지난주(7일간) 자신의 상태를 돌아보며, 아래 문항을 0번(전혀 없음)부터 3번(자주 그랬다)까지 표시하세요.

1. 잠들기 전 심장이 빠르게 뛰었나요? (0/1/2/3)
2. 낮 동안 이유 없이 가슴이 답답했던 적이 있나요? (0/1/2/3)
3. 작은 소리에도 예민하게 반응한 적이 있나요? (0/1/2/3)

4. 하루 중 집중이 잘 안 되어 일을 미룬 적이 있나요? (0/1/2/3)

5. 식욕이 갑자기 감소하거나 증가했나요? (0/1/2/3)

6. 평소보다 쉽게 짜증이 났나요? (0/1/2/3)

7. 몸이 무겁거나 나른함을 자주 느꼈나요? (0/1/2/3)

8. 일상 속 사소한 일에 불안감이 생긴 적이 있나요? (0/1/2/3)

9. 자주 손발이 차갑거나, 식은땀을 흘린 적이 있나요? (0/1/2/3)

10. 휴식 시에도 마음이 쉽게 진정되지 않았나요? (0/1/2/3)

스트레스 지수

• 총점 0~10: 낮은 스트레스 지수(현재 상태 유지)

• 총점 11~20: 중간 스트레스 지수(주의 깊게 관리 필요)

• 총점 21~30: 높은 스트레스 지수(전문가 상담 또는 즉각 대처 권장)

〈목 · 어깨 · 허리 이완 스트레칭〉

1. 어깨 돌리기(앞뒤 10회)

양쪽 어깨를 천천히 귀 방향으로 들어 올린 뒤,
뒤로 돌려 내립니다. 앞 - 뒤로 각각 10회씩 반복.

2. 목 돌리기(좌우 5회씩)

목을 오른쪽으로 천천히 돌리며 턱이 어깨 근처에 닿도록
유지(3초), 다시 원위치. 반대 방향으로 동일 반복.

3. 손목·발목 풀기(각 10회)

손목을 시계 방향으로 천천히 돌리고, 반시계 방향으로 10회씩 반복. 발목도 같은 방식으로 돌림.

4. 허리 돌리기(양 방향 각 5회)

두 손을 골반에 얹고, 허리를 좌우로 천천히 돌려주며 척추 윗부분이 부드럽게 풀리도록 함.

♡ 마음을 살리는 10분 루틴

🖐 5분 마음챙김 호흡 연습

- 편안한 자세로 앉아 눈을 감는다.
- 코로 4초간 깊게 들이마시고, 입으로 6초간 내쉰다.
- 호흡에 집중하며 "숨, 내쉬어"처럼 간단한 단어를 마음속으로 반복한다.

🖐 바디 스캔 이완법

- 누워서 발끝부터 서서히 머리까지 주의를 옮긴다.
- 각 부위의 긴장된 느낌을 관찰하고, 숨을 내쉴 때마다 그 부위를 이완한다.

🖐 짧은 정지 신호(Emotional Stop) 기법

- 부정적 생각이 떠오를 때 손목을 가볍게 펴며 "멈춰!"라고 스스로 신호를 보낸다.
- 즉시 깊은 호흡을 3회 실시하고, "지금은 안정이 필요해"라고 스스로 말해본다.

🖐 일상 속 마음챙김 활동

- 설거지를 할 때, 물소리·비누 거품·손의 감각을 의식하며 천천히 작업한다.
- 아이와 산책할 때 발걸음마다 잔잔히 흐르는 바람과 주변 소리를 온전히 느껴본다.

📑 엄마 마음 리셋 노트

- 오늘 마음챙김을 시도한 시간:

- 호흡 연습 후 느낀 변화:

• 바디 스캔 중 주로 긴장되었던 부위:

• "멈춰!" 신호를 사용해야 했던 부정적 생각:

• 일상 속 마음챙김 활동으로 해볼 것:

心理학자 엄마의 목소리

"바쁜 일상 속에서 잠시 멈춰 깊게 숨을 들이쉬고 내쉬는 것만으로도, 마음의 무게가 조금은 덜어지는 경험을 하곤 했어요. 심호흡은 단순한 신체적 행동을 넘어, 내 감정에 잠시 머물고 스스로를 다정하게 바라보는 실천이 되었죠. 오늘 하루, 잠깐이라도 천천히 숨을 쉬어보세요. 그 작은 호흡이 당신의 마음에 여유와 따뜻함을 선물해줄 거예요."

☆ 마음 챙김 노트

"지금 이 순간의 호흡과 몸의 감각에 집중하면, 불안의 고리를 끊을 수 있습니다."

오늘, 내 마음에 건네는 질문

"오늘 나는 언제 내 호흡에 집중했나요? 그 순간 느낀 마음의 변화는 무엇인가요?"

자기 자비와 불완전함을 껴안는 힘

"괜찮아, 오늘도 잘 버텼어"

오늘 당신은 자신에게 어떤 말을 건넸나요?
그 말은 위로였나요,
아니면 비난이었나요?

육아가 유난히 힘들었던 날, 나는 종종 나 자신에게 이렇게 말했다.
"또 참을 걸 그랬지.", "왜 그랬을까, 정말 못했다."
하지만 그런 말들은 위로가 아니었다. 그건 내 마음을 찌르는 채찍
이었다.

"
자기자비는 근육과 같습니다.
인생이 계획대로 흘러가지 않을 때마다 연습할수록,
그 근육은 더 강해지고 회복탄력성도 커집니다.
"

– 샤론 살즈버그 –

1. 매일 아침(5분) 문장 쓰기

예시 문장: • "나는 불완전해도 사랑받을 자격이 있다."
  • "실수해도 상관없다. 나는 계속 성장 중이다."

실행 방법: ① 일어나자마자 노트와 펜을 준비합니다.
  ② 위 예시 중 하나를 선택해 큰 글씨로 3회 반복 작성합니다.
  ③ 작성 후 노트를 덮고, "오늘은 나 자신을 먼저 돌보겠다"고 다짐합니다.

2. 주간 목표 설정(주 1회, 10분)

구성: ① 지난주에 나를 지탱했던 긍정적 경험 3가지 기록.
  ② 이번 주에 회복 탄력성을 키우기 위한 행동 2가지 설정.
  • 예: "친구에게 도움 요청하기", "주 2회 10분 명상 실천".
  ③ 예상되는 장애물(시간 부족, 스트레스 등)과 대안 계획 작성.

실행 방법: • 주말 중 한 날, 혼자만의 조용한 공간에서 노트를 펼칩니다.
  • 1~3번을 차례대로 기록하며, 가족에게 "나 시간을 갖고 싶다" 알립니다.

3. 월간 회복 체크(월 1회, 15분)

구성: ① 지난달 자기 자비 프로그램 실천 기록 요약(작성 일지 검토).
  ② **회복 탄력성 척도**(Revised CD-RISC) 간단 설문(10문항 버전) 직접 작성.
  ③ 점수 산출 후, 이달의 변화(증가/감소) 원인을 분석합니다.
  ④ 다음 달 계획 조정: "어떤 부분을 더 강화해야 할까?" 질문 작성.

실행 방법: • 달력에 "매월 첫째 주일 오후 2시" 고정 기재.
  • 가족에게 "이 시간만큼은 내가 나를 돌아보는 시간"이라 알립니다.
  • 필요 시, 전문가 상담(정신건강의학과 · 심리상담실) 예약 고려.

나는 이 세 가지를 삶 속에 녹이기 시작했다. 감정이 무너질 것 같은 날이면,

"오늘 나를 괴롭힌 말은?"
"그 말에 대해 내가 진심으로 해주고 싶은 말은?"

"나는 게으른 엄마야."
→ "아니야, 오늘도 열 번 이상 뛰었어. 지쳐서 쉰 것도 필요했어."

처음에는 조금 어색하게 느껴졌지만, 시간이 지날수록 이 말들이 내 마음을 부드럽게 감싸주었다. 나의 감정은 나약함의 표시가 아니라, 다시 일어설 수 있는 출발점이 되어주었다.

아이가 새벽에 열이 나 병원에 갔던 날, 나는 내게 이렇게 말했다.
"무서웠지. 그래도 끝까지 잘 버텼어."
그 말 한마디가 굳어 있던 내 몸을 풀어주고, 눈물을 흘릴 수 있는 공간을 열어주었다.
이제 나는 매일 저녁 스스로에게 묻는다.
"오늘, 나를 가장 힘들게 한 장면은?"
"그 순간의 나에게 해주고 싶은 말은?"
이 연습은 자기비난에서 회복으로 이동하는 다리가 되었다. 심리학에서 회복 탄력성은 참는 힘이 아니다. 넘어졌을 때 다시 일어설 수 있는 태도다. 그 회복의 씨앗은 바로 자기 자비이다.

"
아이를 키우는 것은 아이를 변화시키는 것이 아니라,
부모인 나 자신을 변화시키는 과정이다.
"

– 셰팔리 차바리 –

"
자녀를 양육하는 과정은
부모 자신을 치유하고 성장시키는 기회가 된다.
"

- 존 가트맨 -

"
아이를 이해하려는 과정에서
우리는 우리 자신을 더 깊이 이해하게 된다.
"

− 다니엘 시겔 −

나는 매일 밤 자기긍정(있는 그대로의 나에게 "괜찮아"라고 말해주기)
선언을 썼다.
"나는 오늘 실수했지만, 여전히 괜찮은 사람이다."
"나는 완벽하지 않지만, 충분히 좋은 엄마다."
이 문장들은 나를 비난하는 목소리를 잠재우고, 내면의 평화를 회복
하는 데 도움을 주었다.
어느 날, 이제 말도 자기 표현도 잘 하기 시작한 아이가 화를 내며
물건을 집어 던졌다. 이전 같았으면, 나도 소리를 질렀겠지만, 그날
은 조용히 기다렸다. 그리고 잠시 후 아이를 안으며 말했다.

"엄마도 그런 적 있어. 괜찮아."

이 한마디가 아이의 마음을 열었고, 나 자신도 따뜻해졌다. 감정을
억누르기보다 함께 머무는 법을 배우는 과정이었다. 연구에 따르면
자기 자비가 높은 사람은 회복 탄력성(resilience)이 높고, 스트레스
상황에서도 자기효능감을 유지하는 경향이 있다. 즉, 자기 수용은
단지 감정의 문제가 아니라, 삶을 지속 가능하게 하는 심리적 자원

이다. 불완전한 나를 사랑하는 법은 완벽을 포기하는 것이 아니다. 상처와 실수를 인정하면서도 자신의 가치를 부정하지 않는 태도다. 나는 이제, 실수한 나도, 지친 나도, 흔들리는 나도 껴안을 수 있다. 그리고 그 따뜻한 시선은 아이에게도 전달된다.

"엄마도 그런 적 있어."

이 한마디는 아이에게 자기 수용의 언어가 되고, 나에게는 회복의 언어가 된다. 불완전함 속에서도 우리는 함께 성장하고 있다.

〈회복 탄력성 수준별 일상 비교〉

구분	회복 탄력성 높은 엄마	회복 탄력성 낮은 엄마
감정 반응	불안·스트레스가 와도 즉시 감정을 인정하고 행동으로 전환.	불안·스트레스가 반복되면 자책에 빠지고, 행동으로 전환하기 어려움.
스트레스 관리	매일 3분 명상·매주 30분 산책으로 신체·정서 균형 유지.	바쁜 일정 탓에 스트레스 관리 시간을 갖기 어려움.
사회적 지지 활용	필요할 때 즉각 도움 요청. 온라인·오프라인 모임 주기적 참여.	도움 요청을 망설여 혼자 문제를 해결하려다 고립됨.
행동적 대처	계획한 Self-Care 루틴을 유연하게 조정하며 꾸준히 실천.	Self-Care 루틴을 세워도 일정 변경 시 쉽게 포기.
자아 대화 (Self-Talk)	어려움 직면 시 "이 또한 지나갈 거야", "나는 할 수 있어"라고 스스로 다독임.	자책적 언어("나는 부족해", "나는 왜 이럴까")를 반복.
전문가 개입 시점	필요하다고 느끼면 바로 상담 예약. 주기적 심리 점검 수행.	"나만 힘들어"라는 생각으로 상담을 미루거나 회피.

♡ 마음을 살리는 10분 루틴

🧍 자기자비 워크시트

- 자기친절(Self-kindness)
- 인간 보편성(Common humanity)
- 마음챙김(Mindfulness)

📑 엄마 마음 리셋 노트

- 오늘 나를 가장 힘들게 한 비난:

- 내게 건넨 다정한 말:

- 오늘 나의 불완전함 중 하나:

- 그 불완전함 속에서 배운 점:

💬 [짧은 인터뷰: 회복의 여정에서]

"약을 먹는 게 부끄러운 일인 줄 알았어요. 그런데 상담 선생님이 '몸이 아플 때 약 먹듯, 마음이 아플 때도 치료가 필요하다'고 해주셔서 마음이 한결 가벼워졌어요."

— 29세, 산후우울증 치료 경험자

"저는 산후우울이 심해져서 입원까지 했어요. 그때 만난 다른 엄마들과 밤새 이야기를 나누면서, 서로의 상처가 조금씩 아물기 시작했죠. 지금은 그 시간 덕분에 더 단단해진 것 같아요."

— 36세, 회복 중인 엄마

👤💬 심리학자 엄마의 목소리

"예전에는 실수하면 아이에게 미안하고, 나 자신을 자책하곤 했어요. 하지만 아이와 함께 마음챙김을 실천하고, 실수의 순간마다 서로를 다정하게 바라보는 연습을 하면서 생각이 달라졌어요. 완벽하지 않아도 괜찮다는 자기연민의 태도로, 실수 자체를 성장의 기회로 받아들이게 되었죠. 함께 실수하고, 그 경험을 솔직하게 나누며 회복하는 과정에서 우리 가족은 더 깊이 연결되고, 정서적 회복력도 자연스럽게 자라났어요. 불완전함을 인정하고 받아들이는 용기가, 오히려 우리를 더 강하게 만들어주었다는 걸 깨달았죠. 심리학에서 강조하는 개인 성장과 공동체의 힘, 그리고 칼 로저스와 폴 길버트가 말하는 자기연민의 실천이 일상 속에서 살아 숨 쉬는 순간이었어요. 아이와 함께 실수하고, 그 안에서 회복하는 과정을 소중히 여겨보세요. 불완전함이 우리 모두를 더 단단하게 성장시켜준다는 걸, 꼭 느낄 수 있을 거예요."

☆ 마음 챙김 노트

자기 자비는 불완전함을 껴안는 연습이며, 그 온기가 회복의 시작입니다.

🖥 오늘, 내 마음에 건네는 질문

오늘 나는 어떤 자기 자비 문장을 소리 내어 말해볼까요?
오늘 나는 어떤 불완전함을 사랑으로 받아들일까요?

4장

언어·프레임과

사회적 시선

① 마음챙김, 자기효능감, 자기자비는 산후우울 회복의 3대 축이다.

② 꾸준한 감정 기록과 작은 실행 습관이 회복의 가속도를 높인다.

③ 완벽한 엄마가 아니라 '충분히 좋은 엄마'로 사는 것이 장기적 행복에 유리하다.

"

"엄마라면 당연하다"의 무게
'역할'에 갇힌 존재에서, '사람'으로 돌아오는 길

"

오늘 나를 가장 지치게 한 말은 무엇이었나요?
그 말 앞에서,
나는 어떤 표정을 지었나요?

아이를 낳은 이후, 나는 자주 들었던 말을 떠올린다.

"엄마니까 참아야지."
"애는 엄마가 키워야지."

처음에는 그 말들이 조언처럼 들렸다. 하지만 시간이 지날수록 그 말은 나를 가두는 벽이 되었다. 내가 느끼는 피로, 고립감, 감정의 흔들림은 쉽게 무시되었고, 언제나 나는 "엄마니까"라는 말로 설명되어야 했다. 그럴 때마다 나는 한 사람으로서가 아닌, 하나의 '역할'로 존재하고 있다는 생각이 들었다.

"
지금 있는 그대로의 자신을 받아들여라.
오늘 내가 하는 이 말을 듣고 그래도 실천하는 사람은
지금 이 순간부터 바로 행복해질 수 있다.
그러나 그렇지 않은 사람은 평생 행복해질 수 없다.
"

– 알프레드 아들러 –

"

행복의 열쇠는 자기 인식과 자기 수용에 있습니다.

"

− 로베르토 아사지올리 −

심리학에서는 이를 '내면화된 사회적 프레임(internalized social frame)'이라 부르며, 개인이 사회적 환경에서 경험한 규범, 가치, 기대, 태도, 신념 등을 자신의 내면에 흡수해 자기 개념과 행동의 기준으로 삼는 심리적 과정을 의미한다. 사회가 엄마에게 기대하는 이상적인 이미지 - 항상 헌신적이고 인내심 많은 존재는 실제로 많은 여성들에게 과도한 자기비판과 수치심을 유발한다. 이런 프레임 속에서 엄마들은 종종 "심리적 이중구속(Double Bind)"에 빠진다. 감정을 표현하면 미성숙하다고, 억누르면 냉정하다고 여겨진다. 이중 잣대 속에서 엄마는 어디에서도 온전히 받아들여지지 못한다.

'내면화된 사회적 프레임'(internalized social frame)의 핵심

내면화 과정

외부의 사회적 규범, 기대, 비난, 가치관 등이 반복적으로 경험되면, 개인은 이를 자신의 내적 기준이나 신념 체계로 받아들이게 됩니다.
예를 들어, "좋은 엄마란 항상 희생해야 한다"는 사회적 메시지가 반복될 때, 개인은 이 기준을 내면화해 자기 자신을 평가하고 행동을 조절하게 됩니다.

정체성과 자기 평가에 미치는 영향

내면화된 사회적 프레임은 자기비난, 수치심, 열등감, 자기검열 등 부정적 자기 평가의 근원이 될 수 있습니다.
예를 들어, 비판적 환경에서 자란 아동은 "나는 부족하다"는 메시지를 내면화해 성인기에도 낮은 자존감, 대인관계 불안, 자기수용의 어려움을 겪을 수 있습니다.

사회적 규범과 유연성

내면화된 규범은 행동의 동기가 되기도 하지만, 지나치게 경직될 경우 심리적
유연성을 저해하고, 변화에 적응하기 어렵게 만듭니다.
사회적 맥락이나 집단 정체성 변화에 따라 내면화된 프레임이 수정되기도 하
며, 이 과정에서 심리적 긴장이나 갈등이 발생할 수 있습니다.

정서적 영향

내면화된 부정적 프레임(예: 낙인, 수치심, 비난 등)은 우울, 불안, 자기효능감
저하 등 심리적 고통을 유발할 수 있습니다.
반면, 긍정적 가치와 지지적 규범을 내면화하면 자기 존중감, 사회적 적응력,
심리적 안녕이 증진될 수 있습니다.

'당연함'의 프레임 작동 구조

역할 기대 강화: 엄마는 참아야 한다.
감정 무효화: 힘듦 표현이 '과민'으로 간주됨.
내면화된 규범: "이 정도도 못 참다니 나는 부족해"

사회언어학적 분석

프레이밍(framing): 특정 방식으로 해석을 고정시키는 언어적 틀
'당연하다'는 말은, 엄마의 노력과 감정을 '전제 조건'으로 만들며 인정받지 못하게
한다.

⟨사회언어학 관점: 집단별 언어 프레임 차이⟩

1. 젊은 엄마(20~30대 초반)

프레임: "SNS · 유튜브 등에서 '완벽 육아' 콘텐츠를 소비하며,
   '엄마라면 이렇게 해야 한다'는 기대가 높음."

언어 표현: "오늘 아이 이유식 과정 한 번도 실패 없이 성공했어요."
   → "완벽 엄마" 강조.

영향: 실패감이 클 때, "나만 부족한가"라는 자책이 심해짐.

2. 워킹맘(30~40대 중반)

프레임: "직장과 육아를 병행해야 한다"는 사회적 압박이 언어에 반영됨.

언어 표현: "회사에 늦었지만, 아이 등원까지 끝냈어요." → "두 배 노력" 강조.

영향: "일도 육아도 완벽해야 한다"는 이중 부담으로 스트레스 증가.

3. 싱글맘(20~40대)

프레임: "홀로 아이를 키우는 고통과 사회적 편견"이 언어에 내재.

언어 표현: "내가 없으면 아이가 굶어 죽을까 봐 불안했어요."
   → "생계 + 양육 책임 = 내 목숨" 서사.

영향: 언어 속에서 자주 '두려움', '불안'이라는 단어가 반복되며, 자기효능감 저하.

4. 조부모(60대 이상)

프레임: "내가 이 정도 했으니 너도 당연히…" 라는 세대 간 가치 충돌.

언어 표현: "우리 때는 밤까지 애 울려도 참았지." → "견디는 것 = 미덕" 강조.

영향: 밀레니얼 세대 엄마는 "내 경험은 틀렸나"라는 혼란감에 빠짐.

나 역시 그랬다. 아이가 아픈 밤, 온몸이 무너져내리는 감정 속에서도 눈물 한 방울 흘리지 않으려 애썼다. 병원 대기실에서, 집안일을 하면서, 수면 부족과 싸우면서도 나는 항상 괜찮은 척을 했다. 그렇

게 살아가던 어느 날, 거울 속의 나를 마주했을 때 문득 이렇게 말하고 싶어졌다. "나도 힘들어. 나도 쉬고 싶어."

그 말을 내뱉는 순간, 나는 비로소 내가 한 사람의 인간이라는 사실을 떠올렸다. 엄마이기 이전에 나는 감정을 가진 존재였다. 그리고 감정은 억눌러야 할 대상이 아니라, 마주하고 돌봐야 할 내면의 신호라는 것을 깨달았다. 나는 이제 새로운 언어를 만들기로 했다.

"엄마도 감정을 느낄 수 있어."
"나는 지금 힘들어."
"도움이 필요해."

이 문장들은 나를 인간으로 되돌리는 언어였다. 가족과의 대화에서도, 나 자신과의 대화에서도 나는 이 문장들을 사용하기 시작했다. 처음엔 어색했지만, 이 언어들은 나의 회복을 이끌었다. 자기 긍정(self-affirmation)은 심리적 이중구속에서 벗어나게 해주는 강력한 전략이다. 뇌과학 연구에 따르면, 자기 긍정은 뇌의 보상 회로와 자기 조절 영역을 활성화시켜 스트레스 상황에서도 감정적 안정과 자기효능감을 유지하도록 돕는다. "엄마라면 당연하지"라는 말은 더 이상 나를 정의하지 않는다. 나는 이제 이렇게 말할 수 있다. "엄마도 사람이다. 감정이 있고, 힘들 때가 있다." 이 말은 나를 더 약하게 만들지 않았다. 오히려 나를 더 단단하게 만들었다. 감정을 외면하지 않고 말할 수 있을 때, 나는 내 삶의 주체가 될 수 있었다.

이제 나는 알고 있다. 엄마라는 이름 안에 숨겨진 수많은 감정들이야말로, 진짜 나의 목소리라는 것을 알았다.

♡ 마음을 살리는 10분 루틴

🌿 자기 긍정 선언문(Self-affirmation)

"나는 실수해도 괜찮은 사람이다.", "나는 나답게 살아도 괜찮다.",
"나는 아이에게 따뜻한 존재가 되고 싶다."

📑 엄마 마음 리셋 노트

• 내가 자주 듣는 사회적 메시지: "엄마니까 참아야지."

• 나만의 긍정 문장으로 바꿔쓰기: "엄마도 감정을 느낄 수 있어요."

🗨 심리학자 엄마의 목소리

"오랫동안 '엄마니까 참아야 해', '엄마라면 이 정도는 해야지'라는 말에 스스로를 가두며 살아왔어요. 내 감정과 욕구를 뒤로 미루고, 힘들어도 참고 견디는 게 당연하다고 여겼죠. 하지만 '과연 이 모든 게 정말 당연한 일일까?'라는 질문을 스스로에게 던지기 시작했죠. 이제는 내 감정과 한계를 인정하고, '엄마도 한 사람의 인간'임을 받아들이게 되었어요. 불합리한 기대와 사회적 기준에 의문을 품고, 나만의 목소리로 질문할 수 있는 용기가 생겼죠. '엄마라면 당연하다'는 말에 갇히지 말고, 스스로에게 질문해보세요. 정말 당연한 일인지, 그리고 내 마음은 어떤지. 그 질문이 당신의 삶에 새로운 여유와 자기 존중을 가져다줄 거예요."

☆ 마음 챙김 노트

엄마의 역할 너머, 우리는 사랑받을 가치가 있는 사람입니다.

🛏 오늘, 내 마음에 건네는 질문

오늘 나는, 어떤 새로운 언어로 나를 표현해 볼까요?

"역할을 수행하는 존재가 아닌, 감정을 가진 사람으로 나를 회복해갈 때,
나는 '엄마'라는 단어에 새로운 의미를 부여하게 된다."

"

언어의 힘, 프레임의 전환
말이 바뀔 때, 마음도 바뀐다.

"

우리는 언어로 세상을 해석하고, 언어로 나를 설명한다.
아이를 낳은 후,
나는 내 마음을 표현할 언어를 잃어갔다.

"다들 그렇게 살아."
"애는 엄마가 키워야지."
"엄마니까 참아야지."

이 말들은 나를 '참는 엄마'로 규정짓는 프레임이었다. 그 프레임 속
에서 나의 감정은 언어 밖으로 밀려났다.
그러던 어느 날, 나는 스스로에게 이렇게 말했다.
"나는 아이를 키우며, 내가 얼마나 연약한 사람인지 알게 됐다."
이 문장은 내 내면의 진실을 처음으로 밖으로 꺼낸 말이었다.

그리고 이어서
"그래도 나는 매일 다시 시작하고 있다."
이 말은 나를 일으켜 세웠다.

생각은 말이 되고, 말은 행동이 되고, 행동은 습관이 되고,
습관은 가치관이 되고, 가치관은 운명이 된다.

− 마하트마 간디 −

심리학에서는 이러한 언어의 전환을 프레임 전환(frame shifting)
이라고 한다. 언어는 단순한 표현이 아니라, 감정과 행동을 조직하
는 틀이 된다.

• "못 참겠어" → "지금 나는 도움이 필요해"
• "나는 실패한 엄마야" → "나는 배우는 중이야"

이처럼 말을 바꾸면, 감정을 바라보는 시선이 달라지고, 행동의 방
향도 달라진다.
언어는 단지 말이 아니라, 태도이고, 정체성이다. 나는 이제 '참는
엄마'가 아니라 '느끼는 엄마, 표현하는 엄마'가 되기로 결심했다.
어떤 날은 "오늘 정말 힘들었어"라는 말로 하루를 마무리하고, 어떤
날은 "오늘은 아이와 눈을 맞췄어"라는 말로 나를 칭찬한다. 매일 나
는 내 언어를 다시 쓰는 중이다. 감정을 숨기지 않고, 나의 상태를
솔직히 말하며, 나를 다독이는 말을 찾아간다.

말이 바뀌면 감정이 바뀌고, 감정이 바뀌면 행동이 달라진다. 그 변
화는 육아의 무게를 줄이지는 못하지만, 내가 그것을 지탱하는 방식을

바꿔놓는다. 이제 나는 안다. 말은 도구가 아니라, 삶이라는 것을. 나는 오늘도 "괜찮아, 나는 다시 시작할 수 있어"라는 말을 스스로에게 건넨다. 그리고 그 말은, 내일의 나를 만들어간다.

자기 대화 재구성 훈련법

• 자동사고 인식 → 감정 확인 → 대체 문장 연습
• 부정적 자기 대화의 대표 문장 목록 만들기 → 따뜻한 버전으로 재작성

자기언어 재설정 실습

부정적 자기언어	전환 문장
"나는 약해"	"나는 지금 지친 상태야"
"나는 못 참아"	"내 감정은 표현해도 돼"
"나는 실패자야"	"나는 시도하고 있어"

심리학은 개인의 감정을 이해하는 데서 출발하지만, 감정의 회복은 언제나 타인과의 연결 속에서 깊이를 더한다. 말은 내면의 상태를 드러낼 뿐 아니라, 다른 사람과 나를 이어주는 다리가 된다.

내가 내 마음을 진심으로 표현할 때, 누군가는 그 말에 공감해줄 것이다. 그리고 그 공감은 "나 혼자가 아니구나"라는 깨달음으로 이어진다. 우리는 서로의 언어를 통해 지치고 상처 입은 마음을 쓰다듬는다. 그래서 나는 오늘도 내 감정을 솔직하게 말하려 한다. 말은 감정을 정리하고, 감정은 관계를 열고, 관계는 회복의 길이 된다.

이것이 내가 육아 속에서 배운 또 하나의 심리학이다.

♡ 마음을 살리는 10분 루틴

↻ 프레임 바꾸기: 기존 사회 메시지를 재해석해 나만의 문장으로 대체해요.

✍ 흔히 듣는 메시지 적기

"애는 엄마가 알아서 키워야지" 등 듣기만 해도 답답해지는 말을 적어봅니다.

✌ 새로운 문장 만들기

• 그 메시지를 나를 지지하는 방향으로 바꿔봅니다.

  예시: "애는 엄마가 키워야지" → "내가 아이를 돌보는 동안도, 도움 요청은 당연해."

✋ 하루 한 번 되뇌기

• 아침에 일어나 거울 앞에서 내가 만든 문장을 천천히 읽어봅니다.

• 부정적인 메시지가 떠오를 때마다

  "지금은 이 말로 바꿔야지"라며 의식적으로 바꿔봅니다.

📑 엄마 마음 리셋 노트

자주 듣는 프레임 메시지:

내가 만들 문장:

🗨 심리학자 엄마의 목소리

"오랫동안 익숙한 말과 시선에 나를 맞추며 살아왔어요. '엄마라면 이래야 한다', '강해야 한다'는 낡은 언어가 내 마음을 점점 더 옥죄었죠. 하지만 '괜찮아, 지금 이대로도 충분해', '힘들면 힘들다고 말해도 돼'라는 말들이 내 안에 작은 숨통을 틔워 주었죠. 이렇게 내 마음을 솔직하게 드러내고, 자기 자신을 다정하게 바라보는 언어를 통해 나는 점점 더 자유로워졌어요. 익숙한 말 대신, 내 마음에 진짜 필요한 언어로 자신을 표현해 보세요. 그 순간, 당신의 마음에도 새로운 숨통이 트일 거예요"

☆ 마음 챙김 노트

언어를 바꾸면, 마음도 바뀝니다.

🗒 오늘, 내 마음에 건네는 질문

오늘 나는 어떤 메시지를 프레임 전환해 볼까요?

"말이 바뀌면 감정이 움직이고, 감정이 바뀌면 삶이 유연해진다.
그 시작은 늘 '나에게 건네는 말'에서 비롯된다."

"우리는 완벽해질 필요 없어요.
우리 자신에게 주는 작은 친절이 가장 큰 힘입니다."

성장 여정에 동행하며

육아는 끝이 정해진 프로젝트가 아니다. 아이가 자라는 만큼, 나 역시
매일 달라졌다. 처음엔 울기만 하던 아기가 눈을 마주치고 웃기 시작
했을 때, 나는 '돌봄'의 힘을 실감했다. 그 미소 하나에 하루의 피로가
녹았고, 나는 아이를 통해 내가 어떤 사람인지 다시 배우게 되었다.

엄마로서의 삶은 때론 한계와 마주하는 과정이기도 했다. 감정의 파도
에 휩쓸리고, 자책과 회복을 반복하며, 나는 한 사람의 인간으로서 더
욱 섬세하고 유연해졌다. 아이와 함께 겪는 하루하루는, 내가 경험한
그 어떤 심리학 강의보다 진실하고 생생했다.

아침 6시, 알람보다 먼저 깬 나는 아직도 낯선 내 몸을 느낀다. 커피를
내리며 '이젠 카페인은 줄여야지' 다짐하고, 출근길엔 심리학 책 대신
육아 커뮤니티 글을 읽는다. 상담실에서 내담자의 불안을 듣던 내가,
이제는 내 불안 앞에 선다.

밤이 되면, 오늘 하루도 버텼다는 안도와 내일을 향한 두려움이 교차한다. 엄마가 된다는 건, 매일 새로운 나를 만나는 일임을 실감한다. 이론은 내 삶을 직접 바꾸지 않는다. 하지만 방향을 알려주는 나침반이 되어준다. 감정의 원리를 이해하고, 불안의 메커니즘을 알게 되면서 나는 무력감에 빠질 시간을 줄이고, 회복의 속도를 높일 수 있었다. 아이와의 갈등, 가족과의 관계, 나 자신과의 싸움 속에서 심리학은 나에게 '다시 생각할 수 있는 여지'를 제공해 주었다.

나는 이 책을 통해 '지식과 경험 사이의 다리'를 놓고 싶었다. 불완전한 엄마로서, 실수하는 인간으로서, 매일 나를 이해하고 성장해나가는 여정을 당신과 나누고 싶었다. 책장을 덮는 이 순간, 당신도 그렇게 느낀다면, 우리는 이미 함께 자라고 있는 것이다.

오늘 아이가 처음으로 '엄마, 사랑해'라고 말했다. 그 한마디에 지난 수개월의 불안과 눈물이 모두 보상받는 기분이었다. 아이와 함께 성장해온 나 자신을, 이제는 조금 더 따뜻하게 바라볼 수 있게 되었다. '완벽하지 않아도 괜찮다'는 이 책의 마지막 문장이, 오늘의 나에게도, 내일의 당신에게도 힘이 되길 바란다.

☆ 마음 챙김 노트

아이와 함께 걷는 길 위에서, 나는 나 자신을 다시 배우고 있었다.

♡ 마무리 질문

오늘 이 책을 덮는 지금, 나는 어떤 '나의 한 문장'을 남기고 싶은가요?

심리학 용어 해설

용어	해석
산후우울증	아기를 낳은 뒤에 나타나는 우울감이나 불안, 슬픔 등 감정의 변화가 심해져 일상생활이 힘들어지는 마음의 병이에요. 누구에게나 생길 수 있으며, 호르몬 변화, 피로, 사회적 고립 등이 원인이 됩니다.
자기효능감 (Self-Efficacy)	내가 어떤 일을 잘 해낼 수 있다는 내 마음속의 믿음이에요. '나는 할 수 있다'는 자신감과 비슷하지만, 실제로 행동에 옮길 수 있다는 구체적인 믿음을 뜻합니다.
마음챙김 (Mindfulness)	지금 이 순간 내 몸과 마음, 감정에 집중하며 판단하지 않고 그대로 바라보는 연습이에요. 숨 쉬는 것, 몸의 감각, 떠오르는 생각을 있는 그대로 알아차리는 것이죠.
자기 자비 (Self-Compassion)	내가 힘들거나 실수했을 때, 스스로를 비난하지 않고 따뜻하게 이해하고 다정하게 대하는 마음이에요. '나도 괜찮아, 힘들 수 있어'라고 내게 말해주는 것과 비슷합니다.
인지행동치료 (CBT, Cognitive Behavioral Therapy)	내 생각과 행동, 감정이 서로 영향을 준다는 점에 주목해, 부정적인 생각을 바꾸고 건강한 행동을 연습하는 심리치료 방법이에요.
감정 조절 (Emotion Regulation)	내 마음에 드는 감정이든 불편한 감정이든, 그것을 억누르거나 폭발시키지 않고 잘 다루는 능력이에요. 감정을 알아차리고, 표현하고, 필요한 만큼 조절하는 것을 말합니다.
정서조절 전략	감정을 잘 다루기 위해 상황을 바꾸거나, 생각을 바꾸거나, 주의를 돌리는 등 여러 가지 방법을 쓰는 것을 말해요.

용어	해석
정서 유연성 (Emotional Flexibility)	다양한 감정을 받아들이고, 상황에 따라 내 감정과 행동을 부드럽게 바꿀 수 있는 힘이에요.
회복탄력성 (Resilience)	힘든 일을 겪어도 다시 일어설 수 있는 마음의 힘이에요. 실패하거나 아플 때, 다시 용기를 내는 능력입니다.
사회적 지지 (Social Support)	가족, 친구, 이웃 등 주변 사람들이 나에게 주는 위로와 도움을 말해요. 심리적으로 힘이 될 뿐 아니라 실제로 회복에도 큰 영향을 줍니다.
지지-갈등 이중효과	가족이나 주변 사람의 도움이 때로는 위로가 되기도 하고, 때로는 부담이나 갈등의 원인이 되기도 하는 현상을 말해요.
내면화된 부모상	어릴 때 부모님이나 어른들에게서 들었던 말이나 기대가 내 마음속에 자리잡아, 어른이 된 후에도 스스로에게 엄격한 잣대를 들이대는 현상이에요.
프레임(Framing), 프레임 전환	어떤 상황이나 문제를 바라보는 고정된 시각이나 해석의 틀을 말해요. 프레임 전환은 그 틀을 바꿔서 새로운 시각으로 바라보는 것을 뜻합니다.
자기 긍정 (Self-Affirmation)	내 자신을 있는 그대로 인정하고, 스스로에게 긍정적인 말을 해주는 연습이에요.
자기 돌봄 (Self-Care)	나도 소중한 사람임을 기억하고, 내 몸과 마음을 챙기는 행동이에요. 쉬기, 산책하기, 맛있는 것 먹기처럼 나를 위한 작은 실천이 포함됩니다.
자기결정성이론 (Self-Determination Theory)	인간이 심리적으로 건강해지려면 '연결감', '자율성', '유능감'이라는 세 가지 욕구가 충족되어야 한다는 이론이에요.
감정 탈동조화	겉으로는 괜찮아 보이지만, 속마음은 그렇지 않은 상태를 말해요. 웃으면서도 속으로는 슬픈 경우입니다.
집단 경험 치유 (Group Catharsis)	비슷한 경험을 가진 사람들이 모여 서로의 이야기를 나누며 위로받고 치유되는 과정을 말해요.

용어	해석
보편성의 인식 (Universality)	'나만 힘든 게 아니구나'라는 사실을 깨닫고 위로받는 심리적 효과를 말해요.
가치 기반 행동 (Value-Based Action)	내가 중요하게 여기는 가치(예: 가족, 연결, 성장 등)에 따라 행동하는 것을 말해요.
ACT (Acceptance and Commitment Therapy)	불편한 감정을 없애려 하지 않고, 받아들이면서 내가 소중하게 여기는 가치에 따라 행동하는 심리치료 방법이에요.
GRIT	열정과 끈기를 가지고 목표를 끝까지 해내는 힘이에요. 실패해도 다시 도전하는 마음을 뜻합니다.
애착(Attachment)	아기와 양육자 사이에 형성되는 정서적 유대감을 말해요. 아기가 힘들 때 양육자를 찾아 위안을 얻고, 양육자는 아기의 필요에 민감하게 반응하면서 맺어지는 특별한 관계죠.
애착 유형 (Attachment Styles)	아기와 양육자 간의 상호작용 방식에 따라 형성되는 애착 관계의 패턴을 말해요. 안정 애착, 불안정 애착(회피형, 양가형), 혼란형 애착 등이 있어요.
민감성(Sensitivity)	양육자가 아기의 신호와 필요를 얼마나 빠르고 정확하게 알아차리고 적절하게 반응해주는지를 뜻해요. 아기의 울음소리, 표정, 몸짓 등을 이해하고 맞춰주는 능력입니다.
상호작용(Interaction)	아기와 양육자, 또는 사람과 사람 사이에서 서로에게 영향을 주고받는 것을 말해요. 특히 양육자와 아기 사이의 눈 맞춤, 미소, 대화 등은 아기의 발달에 중요해요.
초기 양육 경험 (Early Parenting Experience)	아기가 태어나서 첫 몇 년 동안 양육자와 맺는 관계나 경험 전반을 말해요. 이 시기의 경험은 아이의 정서, 사회성 발달에 큰 영향을 미칩니다.

용어	해석
양육 스트레스 (Parenting Stress)	자녀를 양육하는 과정에서 느끼는 심리적, 신체적 부담감이에요. 육아로 인한 수면 부족, 재정적 어려움, 사회생활의 단절 등이 원인이 될 수 있어요.
부모 소진 (Parental Burnout)	장기간 지속되는 양육 스트레스로 인해 부모가 정서적, 신체적으로 고갈되고, 자녀와의 관계에서 거리를 두게 되며, 양육에 대한 효능감이 떨어지는 상태를 말해요.
공감 피로 (Empathy Fatigue/ Compassion Fatigue)	타인의 고통이나 어려움에 지속적으로 공감하고 돌보면서 발생하는 정서적, 신체적 피로와 소진 상태를 말해요. 특히 돌봄 종사자나 만성적으로 아픈 가족을 돌보는 사람들에게 나타날 수 있습니다.
경계 설정 (Boundary Setting)	자신과 타인 사이에 적절한 심리적, 물리적 한계를 정하는 것을 말해요. 돌봄 상황에서 자신의 에너지를 보호하고 소진을 막기 위해 중요합니다.
인지적 재구성 (Cognitive Restructuring)	비합리적이거나 부정적인 생각을 현실적이고 긍정적인 생각으로 바꾸는 인지행동치료의 핵심 기법이에요. 산후우울증에서 부정적인 자기 비난 등을 변화시키는 데 사용됩니다.
전이 (Transference)	과거 중요한 관계(특히 부모님과의 관계)에서 느꼈던 감정이나 기대를 현재의 관계나 상황에 무의식적으로 투영하는 현상을 말해요. 육아 과정에서 자신의 어린 시절 경험이 영향을 미칠 때 나타날 수 있습니다.
역전이 (Countertransference)	상담사나 돌봄 제공자가 내담자나 돌봄 받는 사람에 대해 무의식적으로 느끼는 감정이나 반응을 말해요. 돌봄 관계에서 돌봄 제공자의 과거 경험이나 감정이 영향을 미칠 때 나타날 수 있습니다.

용어	해석
육아 효능감 (Parenting Self-Efficacy)	자신이 좋은 부모가 될 수 있고, 자녀를 잘 양육할 수 있다는 부모 자신의 믿음이에요. 이 믿음이 높을수록 양육 스트레스에 덜 시달리고 긍정적인 양육 행동을 보입니다.
회복지향 (Recovery-Oriented)	질병이나 어려움 자체에 초점을 맞추기보다는, 개인의 강점과 회복 가능성에 집중하여 삶의 질을 향상시키는 방향으로 나아가는 접근 방식을 말해요. 산후우울증에서도 단순히 증상을 없애는 것을 넘어 건강한 삶을 살 수 있도록 돕는 관점입니다.
신체화 (Somatization)	심리적인 스트레스나 정서적 어려움이 신체 증상으로 나타나는 현상을 말해요. 예를 들어, 불안이 심할 때 두통이나 소화불량 등을 겪는 경우입니다.
심리적 유연성 (Psychological Flexibility)	현재 순간에 온전히 집중하고, 불편한 생각이나 감정을 있는 그대로 수용하면서도 자신의 가치에 따라 의미 있는 행동을 할 수 있는 능력을 말해요. ACT 치료의 핵심 개념입니다.

내 경험 언어로 풀어 쓴 심리학 용어

용어	해석
감정 탈동조화	겉으론 웃고 있지만, 속은 울고 있는 상태
자기자비	나에게 따뜻하게 말 걸기
Self-compassion	나에게 따뜻하게 말 걸기
반추	감정의 미로에 갇혀 같은 생각만 맴돌기
회복탄력성	다시 일어나는 힘, 마음의 복원력
사후 평가적 사고	'왜 그랬을까'에 머무는 생각 돌림노래
감정 명명	감정에 이름 붙이기
사회적 지지	'나 여기 있어'라고 말해주는 사람
도움 요청	'나 혼자는 힘들어요'라고 말할 용기
완벽주의	'항상 잘해야 해'라는 속마음의 채찍

용어	해석
좋은 엄마 콤플렉스	'이 정도는 당연히 해야 해'라는 보이지 않는 표준
자기효능감 (Self-efficacy)	"나도 할 수 있어"라는 마음의 뿌리
마음챙김 (Mindfulness)	지금 이 순간, 내 마음 바라보기
인지행동치료 (CBT)	생각을 다르게 말 걸어보기
감정조절	마음이 요동칠 때, 잠깐 멈춰 숨 고르기
정서조절	감정과 나란히 걷는 법 배우기
정서 유연성	한 가지 감정에 머무르지 않는 힘
자기 긍정	있는 그대로의 나에게 "괜찮아"라고 말해주기
자기 돌봄 (Self-care)	'나도 챙겨야 해'라고 말할 수 있는 용기
민감성 (Emotional sensitivity)	작은 일에도 마음이 쉽게 흔들리는 상태
상호작용(Interaction)	마음과 마음이 부딪히며 이어지는 순간
인지 재구성 (Cognitive restructuring)	생각의 프레임을 다시 짜 보기

용어	해석
전이 (Transference)	누군가에게 과거의 감정을 덧씌우는 마음
역전이 (Countertransference)	상담자가 자신도 모르게 감정이 흔들리는 순간
자기친절 (Self-Kindness)	나에게도 따뜻하게 말해주는 연습
인간 보편성 (Common Humanity)	나만 그런 게 아니야

배우자·가족을 위한 간단 가이드

 "배우자(가족)는 이렇게 도와주세요" 짧은 팁

정서적 지지

- "힘들지? 지금은 네 얘기만 들어줄게."
- "네가 얼마나 고생했는지 알아. 고마워."
- "괜찮아, 네가 잘하고 있다는 걸 잊지 마."

도구적 지원

- "오늘 저녁은 내가 차릴게. 너는 잠깐 쉬어."
- "아이 재우는 동안 샤워/수면 시간을 충분히 가져."
- "주말에 하루는 네가 시간 갖도록 내가 아이 돌볼게."

정보적 지원

- "이 사이트에서 산후우울 증상 확인해보면 도움이 될 거야."
- "주변 맘 카페에 좋은 정보 올라왔더라. 같이 읽어볼래?"

평가적 지원(격려 · 피드백)

- "아기를 돌보느라 정말 고생 많았어. 네가 있어서 다행이야."
- "네 방식이 잘 통하고 있어. 함께 힘내보자."

영적 · 가치적 지지

- "너는 이 가정에 꼭 필요한 사람이야. 네 존재 자체가 소중해."
- "모두가 다 힘들어도, 너라면 이겨낼 수 있다고 믿어."

🗨 Q&A: 가족이 자주 묻는 질문과 답변

Q1. 산후우울증인지 어떻게 알 수 있나요?

└ A1.

1. 지속적 우울감

평소 좋아하던 일에도 흥미를 잃고,
2주 이상 계속 슬퍼 보이면 의심해 보세요.

2. 과도한 죄책감 · 무가치감

"나만 이러는 건 아닐까?"
자책을 반복한다면 경계할 필요가 있습니다.

3. 수면 · 식욕 변화

아이가 잘 지내도 자신은 잠들지 못하거나,
식욕이 크게 줄어든 상태가 2주 이상 지속될 때.

4. 집중력 저하

말하거나 행동하는 데 큰 집중력이 필요하고,
자주 산만해질 때.

5. 자해 · 자살 충동

"내가 없어야 이 아이가 행복할 텐데" 같은 생각이 든다면,
즉시 전문의 상담을 권해주세요.

Q2. 산후우울 징후가 보이면 어떻게 대화를 꺼내야 할까요?

└ A2.

1. 편안한 환경 조성

TV를 끄고 조용한 밤 시간, 차 한잔하며 마주 앉으세요.

2. 비난 대신 공감

"요즘 네 기분이 많이 힘든 것 같아 보여. 무슨 일 있는 거 있어?"

3. 구체적 관찰 언급

"지난 며칠 동안 네가 잘 웃지 않았고, 밥도 거의 안 먹더라."

4. 열린 질문 사용

"어떤 생각이 가장 자주 드는지 말해줄래?"

5. 즉각적 해결보단 경청

"지금은 그저 네 얘기를 듣고 싶어. 네가 말할 때까지 기다릴게."

Q3. 산후우울에 어떻게 도움을 줄 수 있나요?

A3.

1. 작은 일부터 대신 해주기

상차림, 설거지, 빨래 등 집안일을 자주 나눠 맡으세요.

2. 아이 돌봄 분담

낮잠 시간이나 저녁에 최소 1시간이라도 아이를 보살펴 주면,
혼자 있던 아내가 숨 돌릴 수 있습니다.

3. 전문가 연결하기

보건소 · 산후조리원 · 정신건강의학과 등
산후우울 선별 검사를 받을 수 있도록 권유하세요.

4. 감정 표현 장려

"지금 어떤 감정인지 적어봐도 돼. 나도 같이 읽어볼게." 같은
문장으로 기록 습관을 돕습니다.

5. 함께 휴식 제안

짧더라도 둘이 함께 동네 산책이나 가벼운 스트레칭 시간을 마련해 보세요.

가족이 알아야 할 산후우울 징후

정서적 징후

- 갑작스러운 울음과 울적감
- 예전보다 쉽게 짜증, 무기력함, 초조함
- "내가 왜 이러는 걸까"라는 자책적 생각 빈번

신체적 징후

- 수면장애(잠들기 어려움 혹은 너무 많이 잠)
- 식욕 급변(극심한 식욕 부진 혹은 폭식)
- 전신 피로감(휴식을 취해도 쉽게 회복되지 않음)

인지적 징후

- 집중력 저하, 기억력 감퇴
- 의사결정 장애(간단한 일에도 결정을 미룸)
- 부정적 자동사고 반복("나는 쓸모없다", "아이가 나를 필요로 하지 않는다" 등)

행동적 징후

- 사회적 고립(가족 모임 · 친구 만남 거부)
- 관심사 상실(취미나 일상 활동에 무관심)
- 자해 또는 자살 생각 언급

대화법: 효과적인 의사소통 방법

공감형 대화

- **표현**: "네가 어떤 기분인지 나도 알고 싶어. 네 목소리를 들려줘."
- **중요 포인트**: 말하기 전 마음을 가다듬고, 눈 맞춤으로 집중해서 듣기

안심·용기 부여

- "네가 이렇게 말해줘서 고마워. 그걸 듣고 싶었어."
- "이렇게 털어놔도 돼. 네 감정은 중요한 거니까."

문제 해결형 대화

- "너가 지금 가장 필요로 하는 게 뭘까? 같이 생각해 보자."
- "내가 해줄 수 있는 게 있다면 말해줘. 바로 실천할게."

지속적 확인

- "지난번 얘기했던 그 활동, 시도해 봤어? 괜찮았어?"
- "혹시 어제 상담 받았어? 어떤 느낌이었는지 듣고 싶어."

받아줘야 할 말: "이 말 한마디가 큰 힘이 됩니다"

1. "네가 힘든 순간, 나도 함께 느끼고 싶어."

왜 필요한가?
엄마는 종종 외롭고 고립되어 있다고 느끼므로,
함께 감정을 느끼겠다는 메시지는 큰 위로가 됩니다.

2. "너의 노력이 우리 가족을 지키고 있어."

왜 필요한가?
자신이 무가치하다고 느끼는 엄마에게는,
자신의 존재가 가치를 지닌다는 사실을 상기시키는 말이 필요합니다.

3. "나도 때로는 못하겠던 순간이 있었어. 괜찮아."

왜 필요한가?

비슷한 경험이 있음을 공유하면,
혼자가 아니라는 연대감과 위로를 줄 수 있습니다.

4. "너도 나에게 기대도 돼. 우리 함께 해보자."

왜 필요한가?
도움 요청이 두려운 엄마에게는,
허용적·수용적인 공간을 제공해 줍니다.

5. "지금은 치료가 필요할 수도 있어. 전문가에게 함께 가볼래?"

왜 필요한가?
산후우울은 전문적 치료가 필요한 경우가 많습니다.
단순 위로보다, 적극적 행동으로 이어질 수 있도록 권유해 줍니다.

지지의 감정

존중

안정

안도

신뢰

사랑

수용

자부심

따뜻함

회복

자애

기쁨

든든함

포용

유대감

안심

친밀함

자유

성장

용기

희망

감사

연대

위로

여유

격려

공감

이해

지지

안전

인정

함께

연결

소속감

배려

편안함

안정감

엄마의 정신건강, 아이의 미래를 바꾼다

1판 1쇄 인쇄 2025년 8월 12일
1판 1쇄 발행 2025년 9월 15일

지은이 이정원
펴낸이 이정원
발행처 마음쉼표
출판사 등록일 2020년 8월 20일 제2020-000002호
주소 경상북도 상주시 만산4길 45
전화 010.4159.9599
팩스 0504.324.2889
이메일 swimfarm@daum.net

책임편집 베스트솔루션
교정교열 베스트솔루션
디자인 베스트솔루션
인쇄제본 베스트솔루션

ⓒ 2025, 이정원
ISBN 979-11-993-8107-0 (03180)

이 책의 인세 중 일부는 한부모가정과 자립 준비 청년들의 지원과 심리 상담에 기부됩니다.